Lesen lernen —
Schreiben lernen

Wolfgang Menzel

W0236320

westermann

Die Reihe „Praxis Pädagogik" wird herausgegeben von der
Redaktion GRUNDSCHULE.

1. Auflage   Druck   11   10   9   8   **7**
Herstellungsjahr   2007   2006   2005   2004   2003

© Westermann Schulbuchverlag GmbH, Braunschweig 1990
www.westermann.de

Druck und Bindung: westermann druck GmbH, Braunschweig

ISBN 3-14-**162004**-0

Inhalt

Einleitung

Was kann man mit einem schmalen Büchlein über das Lesen- und Schreibenlernen erreichen wollen?

Für die erfahrenen Praktiker: eine Brücke schlagen von der Praxis zur Theorie; Begründungen liefern für die eigene Praxis; bestätigen — aber auch in Frage stellen; womöglich eine neue Perspektive oder veränderte Einstellung eröffnen und zu dem einen oder anderen neuen Weg im Unterricht ermutigen; Vorurteile abbauen helfen — ja, vielleicht vor allem dies, denn die eigene Praxis, die die Neigung hat, sich stets selbst zu bestätigen, wenn sie bisher erfolgreich war, verstellt häufig allzuleicht die Sicht auf eine etwas andere Praxis, die möglicherweise noch einfacher, motivierender, ökonomischer und erfolgreicher sein könnte.

Für die noch Unerfahrenen (Studierende, Lernende) kann ein solches Buch zunächst einmal Kenntnisse vermitteln, die man sich sonst aus vielen Einzelaufsätzen zusammensuchen muß; es kann auf wichtige Literatur zum Thema hinweisen; es kann eine Einführung geben in die komplizierten Prozesse des Schriftspracherwerbs; es kann Mut machen zum Lehren.

Was das Buch für beide Arten von Lesern erreichen möchte, ist aber vor allem: das Fachmann- und Fachfraubewußtsein zu stärken. Es gibt heute wohl kaum einen schulischen Lehrprozeß, in den unfachmännisch so sehr hineingeredet wird wie in den des Anfangsunterrichts im Lesen- und Schreibenlernen. Viele Mütter und Väter meinen, da sie selbst einmal das Lesen und Schreiben erlernt haben, sie müßten ihr Erstaunen über eine Veränderung in diesen Prozessen in Kritik ummünzen, eine Neuerung schlichtweg als fragwürdig ablehnen. „Druckschreiben ist doch noch gar kein richtiges Schreiben! Wann fangen Sie eigentlich endlich an, den Kindern wirklich das Schreiben beizubringen?" So kann man es immer wieder hören, nachdem die Kinder schon ganze Geschichten geschrieben haben. Und manche Lehrerin, mancher Lehrer sieht sich in die Verteidigungshaltung gedrängt von Laien, die mit überkommenen Begriffen aus der eigenen Schulzeit argumentieren und von den Sachverhalten selbst wenig wissen. — Auch hier kann ein solches Buch praktische Hilfe leisten.

Vor allen weiteren Ausführungen sei es gesagt: Noch nie in der Geschichte des Anfangsunterrichts hat es besser ausgebildete Lehrer und Lehrerinnen gegeben als heute, noch nie bessere und motivierendere Lehrwerke, noch nie eine bessere Theorie. Man mag beklagen, daß die schulischen Verhältnisse noch viele Wünsche offenlassen, daß wir noch immer zu wenig wissen über das, was tatsächlich in den lernenden Kinderköpfen vor sich geht, daß im Studium dieses Gebiet oftmals zu kurz kommt, daß Richtlinien den Erkenntnissen oft hinterherhinken. Die Einstellung heutiger Lehrerinnen und Lehrer darf aber durchaus von dem Selbstbewußtsein bestimmt sein, das Fachleuten auch anderer Berufe eigen ist. Und dazu will dieses Buch einen Beitrag leisten.

Nun ist freilich ein solches Fachbewußtsein nur legitim, wenn es auch bereit ist, die eigene Praxis distanziert, vorbehaltlos und kritisch zu überprüfen. Das hieße: sich neuen Erkenntnissen und anregenden Ideen nicht zu verschließen. Jeder, der die Geschichte des Unterrichts der letzten Generation erfahren hat, wird zwar zugeben müssen, daß in die Schulen manchmal voreilig und schlecht begründet und aufbereitet „neue Ideen" und „Erkenntnisse" Eingang – und recht rasch wieder aus ihnen den Ausgang – gefunden haben, so daß man mit Recht argwöhnisch werden konnte: Mengenlehre, Wissenschaftspropädeutik Biologie, Grammatikmodelle usf. Mißtrauen gegenüber Veränderungen kann dennoch nicht die angemessene pädagogische Einstellung sein! Häufig sind es auch in der Pädagogik die Irrwege, die erst die richtigen Wege freilegen. Einen Fortschritt kann es ohne Wege, die sich erst in der Praxis als schwer gangbar (nicht falsch!) erweisen, nicht geben. Hätten wir nicht die Ganzheitstheorie in die Leselehre eingeführt und ihre Probleme erfahren, wäre die Ablösung von der einzelheitlichen Methode nicht gelungen; und wir hätten auch gewiß kein integratives Verfahren entwickeln können, ohne die Vorzüge der Ganzheitsmethode kennengelernt zu haben. Wie immer man zur vereinfachten Ausgangsschrift als einer anderen Neuerung stehen mag, ohne ihr Konzept wären wir kaum so deutlich auf die Mängel und Schwierigkeiten der lateinischen Ausgangsschrift gestoßen. – Aufmerksam

überprüfen: ja! Doch Mißtrauen: nein!

Insgesamt sind das Erstlesen und -schreiben in ihrer Geschichte von Systematisierungen und falschen Elementarisierungen bestimmt gewesen; natürliche Wege des Schriftspracherwerbs sind erst sehr spät entdeckt worden. „Methoden" wurden entwickelt, und das selbständige, von Neugier und eigener Motivation der Schüler mitgetragene Lernen geriet vielfach aus dem Blickfeld der Methoden-Technokraten. Wenn es gelingt, mit diesem Buch den hier und da verstellten Blick zu öffnen, so wäre in Hinsicht auf den Unterricht manches getan.

Viele Anregungen zu diesem Büchlein habe ich aus meinen Lehrerfortbildungsveranstaltungen erhalten. Den Lehrerinnen und Lehrern, von denen die aus der unmittelbaren Praxis stammenden Hinweise stammen, sei hier ein Dank ausgesprochen. Besonders danken möchte ich der Grundschulrektorin Hedi Berens, die mir in vielen Gesprächen über den Erstlese- und Schreibunterricht geholfen hat, Praxis und Theorie miteinander zu verbinden.

6

Lesen lernen, Schreiben lernen: mitten hinein!

Am Beispiel der Arbeit mit einer Fibelseite lassen sich manche Probleme des Lesen- und Schreibenlernens ganz praktisch darstellen und einige Fragen eröffnen, für deren Beantwortung wir dann die Theorie zu Rate ziehen müssen. Die Seite, um die es geht, ist sozusagen eine „mitten aus dem Leben": eine Situation am Fußgängerüberweg mit roter Ampel (Abb. 1, aus: Menzel u. a., Die Fibel, Braunschweig: Westermann 1986).

Natürlich ist der Ausgangspunkt der Arbeit mit einer auf eine konkrete Situation hinweisenden Fibelseite nicht die Fibel, sondern die Situation selbst. Die Situation wird vor Ort erfahrbar gemacht: Wie man sich zu verhalten hat, worauf man achten muß, was man auf keinen Fall darf usf. Es wird in der Klasse darüber berichtet, erzählt, reflektiert. Vielleicht wird auch gespielt und gezeichnet.

Dann zeigen wir den Kindern das Bild der Fibelseite — ohne den daraufstehenden Text (siehe Kopiervorlage, S. 8). Eine Folie ist vorhanden, das Bild kann an die Wand projiziert werden, wir sprechen darüber. Die Namen der Fibelkinder werden genannt, der Hund bekommt einen Namen, die Dinge werden benannt, die Situation wird geklärt. Erzählen, Dialoge sprechen, benennen. Die wichtigsten Wörter werden an die Tafel geschrieben, auch solche, die die Kinder womöglich noch nicht vollständig lesen können (einige Buchstaben oder Wortteile davon sind ja schon immer bekannt). Was für die Kinder wichtig ist, erscheint auch im Schriftbild; was für den Lernprozeß wichtig ist (die entscheidenden Fibelwörter *Hallo, halt, Ampel*), natürlich auch.

Aus den neu zu lernenden Fibelwörtern werden die Buchstaben *H, h* ausgegliedert und schreiben gelernt — in Druckschrift natürlich, in der Schrift also, in der auch gelesen wird; denn die Kinder erlernen die Schrift nicht nur für das Lesen einer Fibelseite, sondern auch für das Schreiben eigener Texte.

Abb. 1: Eine Fibelseite „mitten aus dem Leben"

7

Dann erhalten die Kinder eine Kopie des Blattes ohne den Text. Sie sollen schreiben: Was die Fibelkinder sich zurufen, was zu erzählen wäre, eine Überschrift vielleicht. Was sie schreiben wollen, ist mehr, als sie schreiben können. Das ist fast immer so. Nicht alle Wörter sind ihnen schon bekannt; ja, sie haben noch längst nicht alle Buchstaben schreiben gelernt, die sie für ihren Text benötigen. Also hilft man ihnen, wenn sie es wollen. Wörter, die sie schon können, werden kundig geschrieben, andere von der Tafel oder von einem stets bereitliegenden Zettel nach Vorlage der Lehrerin „abgezeichnet". Ein Kind will schreiben *Paß auf!* Das *ß* ist noch lange nicht an der Reihe. Doch jeder soll schreiben dürfen, was er möchte.

So entstehen kleine Texte, die die Kinder sich gegenseitig zum Lesen geben können. Schreiben, um anderen etwas zum Lesen zu geben; lesen, was andere geschrieben haben. Das gelingt nicht vollkommen; manchmal muß der Schreiber auch vorlesen. Was aber hier didaktisch elementarisiert wurde, ist der *Gesamtprozeß* des Lesens und Schreibens – eine kommunikative Handlung, nicht reduzierte Teilvorgänge daraus. Die Texte werden vorgelesen, herumgereicht, die Bilder angemalt. Jedes Kind hat einen etwas anderen Text produziert.

Ein Kind hat geschrieben: *hallo Toni – Till ruft: Toni halt, die Ampel ist rot – Toni Toni Paß auf*. Und es gab seinem Text den darunterstehenden Titel: *die Geschichte von Toni paßauf* (Abb. 2). Manche schrieben weniger, manche etwas mehr. Natürlich sind auch Rechtschreibfehler in Wörtern, die die Kinder sich nicht von der Lehrerin haben vorschreiben lassen. Sie

Abb. 2: Antizipierender Umgang mit einer Fibelseite

werden hier nicht korrigiert. Ergebnisse des normativ gesteuerten Schreibens und des freien Schreibens stehen noch nebeneinander.

Nach mancherlei weiteren „Zwischenspielen", in denen kleine Übungen aus dem Übungsteil zur Fibel durchgeführt werden (das Heraushören und Sprechen des /h/ als Anlaut, das Erkennen gedruckter H und h in verschiedenen Typen), wird endlich die Fibelseite aufgeschlagen – und gelesen. Das ist jetzt für fast alle Kinder kein Problem mehr, da die meisten von ihnen so etwas Ähnliches und weit mehr als das, was auf der Seite zu lesen ist, schon geschrieben haben. Was der Fibeltext aus Gründen des Aufbaus ei-

9

nes Lehrgangs noch nicht vorstellen kann, haben die Kinder mündlich und vielfach auch schriftlich bereits formuliert. Die Fibeltexte, aus pädagogischen Gründen stets reduzierte Texte, sind von den Kindern in ihrer Sprache „überholt" worden. Ein Lehrgang, der eine Fibel immer nur als das versteht, was sie tatsächlich ist, nämlich ein *Begleitbuch* für das Lesen- und Schreibenlernen, nicht aber ein *Ausgangsbuch* dafür, kann, wie man sieht, gewährleisten, daß die reduzierte Fibelsprache durch die schon zur Verfügung stehende reichhaltigere Kindersprache ergänzt und bereichert werden kann.

An die Arbeit mit dieser Fibelseite kann sich eine Freiarbeitsphase anschließen. Materialien für die freie Arbeit liefern der Übungsteil, die Ko-

piervorlagen des Lehrerbandes und vor allem der Fibelkoffer, eine Spiel- und Materialsammlung. Im Hinblick auf die geplanten Aufgaben müssen die Materialien vorbereitet werden (Abb. 3): Die vier Räder des Leseautos bekommen die Buchstaben (1) *b, r, h, t*; (2) *e, o, u*; (3) *ll, nn, l, f*; (4) *t, en*. So können die Fibelwörter *bellt, rennt, ruft, rollen, holen* usf. gebildet werden. Auch Phantasiewörter sind natürlich möglich: *bullt, befen* usf., denn es geht ja hier vor allem darum, den Synthetisierungsprozeß, das Zusammenschleifen von Buchstaben/Lauten zu Wörtern, zu erlernen. – Drei der vier Lesewürfel werden mit folgenden Wortstreifen beklebt: (1) *Die Puppe, Fine, Toni, Uta, Die Ente, Die Taube*; (2) *malt, hat, tritt, ruft, holt, baut*; (3) *eine Ente, den Ball, den Affen, Uta, ein Auto, eine Brille*. Die Kopier-

Abb. 3: Materialien aus dem Fibelkoffer

vorlage aus dem Lehrerband wird bereitgestellt. Die Arbeit kann beginnen.

Hierzu erhalten die Kinder einen Tagesplan, der die spätere Wochenplanarbeit vorbereiten kann. Wenn für alle Kinder dieselben Aufgaben vorgesehen sind, kann der Plan zeilenweise an die Tafel geschrieben werden, und die Kinder tragen hinter jeder Aufgabe, die sie erledigt haben, ihren Namen ein. Wenn man differenzieren möchte, legt man für einzelne Kinder oder Kindergruppen gesonderte Pläne an und teilt sie individuell aus. Unter oder hinter den Aufgaben sollten dann Kreise zum Abzeichnen stehen (Abb. 4).

Die Integration von freier Arbeit in den Anfangsunterricht im Lesen und Schreiben ist nur unter nachstehenden Bedingungen möglich, die in den folgenden Kapiteln näher zu erläutern sind:

Abb. 4: Beispiel für einen Tagesplan

— daß Lesen und Schreiben in engster Beziehung zueinander gelernt werden;
— daß jeder ausgegliederte Buchstabe auch geschrieben wird;
— daß damit die Kinder jedes Wort, das sie erlesen (synthetisieren), auch schreiben können;
— daß die Schrift für das Lesen (Druckschrift) auch die Schrift für das Schreiben (unverbundene Schrift) ist;
— daß das durch die Vorlage und Norm gesteuerte (richtige) Schreiben und das von eigenen Vorstellungen und der eigenen Sprache bestimmte (noch nicht vollkommen richtige) Schreiben zueinander in Beziehung gesetzt werden;
— daß situationsbezogener, lehrgangsbestimmter und individualisierend-differenzierender Unterricht eine Einheit bilden;
— daß die Fibelsprache durch die Sprache der Kinder ergänzt wird;
— daß aus diesem Grunde das Wortmaterial der Fibel nicht nur aus von Seite zu Seite synthetisierbaren Wörtern bestehen darf, die sich aus den jeweils neuen Buchstaben zusammensetzen lassen, sondern auch aus ganzheitlich eingeführten Wörtern, die für den Aufbau eines Textes unverzichtbar sind;
— daß die Arbeit nach Tagesplänen organisiert ist;
— daß dafür reichhaltiges Material zur Verfügung steht.

Diese einzelnen Bedingungen sollen im folgenden erläutert, die Verfahren begründet werden. — Doch zunächst ein Blick zurück! Was lehrt uns die Geschichte des Lesen- und Schreibenlernens? Welche Konsequenzen können wir aus ihr ziehen?

11

Die Geschichte der Fibel — ein Blick zurück

Geschichte der Fibel — Geschichte des Lesenlernens?

Die Geschichte der Fibel sei, so wird vielfach behauptet, ein Spiegel der Geschichte des Lesen- und Schreibenlernens. Aber: Keine Fibel kann zeigen, wie sich das Lesenlernen in den Köpfen der Kinder wirklich abgespielt hat und heute noch abspielt. Was eine Fibel überhaupt nur andeuten kann, ist der *Beginn* eines solchen Prozesses, der selbst vielfältiger abläuft — und zu dem eine Fibel immer nur die Grundlagen bildet. Kein Kind lernt überhaupt lesen *nur* mit der Fibel.

Die Geschichte der Fibel ist andererseits aber auch *mehr* als nur ein Spiegel des Schriftspracherwerbs. Immer deutet sich in den Fibeln schon an, worauf die gesamte Erziehung einer Zeit hinauslaufen soll:

— auf Einübung in welche Kultur,
— auf Anpassung an welche Gesellschaft,
— auf Festigung welcher Einstellungen,
— auf Emanzipation wovon und wozu,
— auf Glauben an welche geschriebenen Botschaften,
— auf Akzeptation welcher Normen,
— auf den kreativen und kritischen Umgang mit ihnen usf.

Hinter dem, was sich recht niedlich auf dieser Fibelseite (Abb. 5) darstellt und

sachlich als Einführung des *i* daherkommt (Otto Zimmermann, Kinderwelt, Braunschweig, Berlin, Hamburg: Georg Westermann 1930), lugt natürlich ein Erziehungsziel jener Zeit unmißverständlich hervor (i — wie schmutzig du dich gemacht hast! — die lesenden Kinder sind es, denen das i als Abschreckungslaut in den Mund gelegt wird): Erziehung zu Ordnung und Sauberkeit!

Nein, Lesenlernen war nie nur Selbstzweck! Es hat in allen Ländern der Erde und auch in unserer Geschichte des

Abb. 5: Erziehung zu Ordnung und Sauberkeit durch die Fibel

12

Lesenlernens immer beides gegeben: das Lesenlernen zum Zweck der Einbindung *und* der Befreiung, der Anpassung *und* der Autonomie. Und Fibeln deuten an, wo jeweils der Schwerpunkt auch der Erziehung lag (Abb. 6 aus: K. Zöller, Mein erstes Lesebuch, Gießen: Emil Roth 1910; Abb. 7 aus: Hessischer Volksschullehrerverein, Für unsere Kleinen, Kassel: Kommissionsverlag der Hessischen Schulbuchhandlung Rudolf Röttger 1913; Abb. 8 aus: Hedwig Mansfeld, Fibel für Niedersachsen, Hannover: Carl Meyer 1940; Abb. 9 aus: Unsere Fibel, Berlin: Volk und Wissen 1976). Lesenkönnen bedeutet ja immer einerseits: in höherem Maße ausgesetzt sein den Einflüssen des Mediums schriftlich vermittelter Sprache: Konsumterror, Propaganda, Manipulation; und andererseits in höherem Maße aufgeschlossen sein für die Vielfalt der Botschaften, die dieses Medium zu vermitteln vermag: Emanzipation, Bereicherung der Erfahrung, Kritik.

Die Fibel ist niemals ein Lehrbuch gewesen, das ausschließlich der Einübung der Kulturtechnik Lesen diente. Sie ist immer zugleich ein Spiegel der *Sozialisationsweise* einer Epoche: So stellten die ersten vor und während der Zeit der Reformation entstandenen Fibeln eine Einführung in das Lesen der Heiligen Schrift und des Katechismus dar; so hatten die Fibeln in der Zeit der Aufklärung das Ziel, zum „verständigen Menschen" zu erziehen; so dienten die Fibeln in der Zeit vor dem und während des Zweiten Weltkrieges der Einführung nationalsozialistischen Gedankengutes. Auch heute ist für die Auswahl einer Fibel ein mitentscheidendes Kriterium die Art des Weltbildes, das mit ihr vermittelt wird.

Die Geschichte der Fibel – eine Geschichte des Lesenlernens? Schön wäre es, zu wissen, wie Kinder das Lesen einmal gelernt haben. Wir wissen es bis heute noch nicht genau, wie sie es wirklich lernen. Jedenfalls wird es sich nicht so abgespielt haben in ihren Köpfen, gottlob, wie es die ersten ABC-Büchlein auf ihren Seiten vorspiegeln; und es wird sich auch heute nicht so abspielen, wie es ein methodisch durchdachter Leselehrgang uns und den Kindern weismacht: folgerichtig und konsequent, so als gäbe es nicht das Vergessen, das Rekapitulieren, das natürliche, situative Lernen. Was, so darf man vermuten, nie übereinstimmte, war die strenge Methode des Lehrens und der sich ihr immer auch entziehende eher anarchische Weg des Lernens. Die Geschichte der Fibel: eine Geschichte des Lesenlernens? Mitnichten!

Sie ist eine Geschichte des Lesen*lehrens* – und auch davon ein Spiegel nur, ein trüber, gesprungener schon, der mancherlei zeigt – und verzerrt. Die Fibeln zeigten und zeigen immer nur die *Vorgaben* für den Weg des Lehrens. Was der alte Schulmeister und die moderne Lehrerin daraus gemacht haben und machen, sehen wir den Lehrbüchern selbst nicht an. Die Aufführungen des Lese- und Schreibunterrichts können durchaus vielfältiger, lebendiger, aufregender sein, als es die Partituren der ABC-Texte zeigen. Diese Aufführungen des wirklichen Unterrichts können aber auch ärmlicher, ernster, weniger anregend sein, als es die Fibeln selbst vorgeben. Nein: auch die Geschichte der wirklichen Erstleselehre spiegeln die Fibeln nur sehr verzerrt.

Aber: die Geschichte der konzipierten

Zweiter Teil.

1. Gebet.

Lieber Gott, ich bitte dich,
ein gutes Kind laß werden mich,
und laß mich immer folgsam sein,
damit sich Eltern und Lehrer freun!
Amen.

Abb. 6: Mein erstes Lesebuch, 1910

ℐ S s S ſch Sch sch Sch

Sol da ten! Sol da ten!
Tromm ler und Trom pe ter!
Dann der Of fi zier mit dem Sä bel.
Sieg fried, Ot to, schnell her bei,
wir mar schie ren mit,
eins zwei, eins zwei,
in glei chem Schritt und Tritt.

Sä bel, Sat tel, Satt ler, Schnei der
Son ne, Sonn tag, Sonn a bend.

52

Abb. 8: Fibel für Niedersachsen, 1940

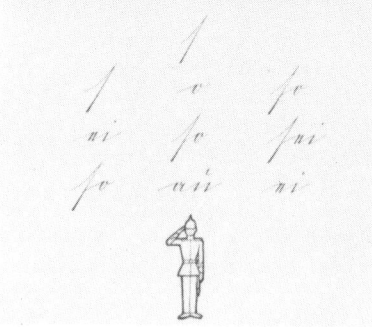

Abb. 7: Für unsere Kleinen, 1913

Dieter und Heidi rufen auf.
Ute, Udo, Doris, Uli und Rita
sollen alle in eine Reihe.
Sie sehen auf die Fahnen.
  Wir wollen lernen.
  Wir wollen helfen.
Nun erhalten alle ihr Tuch,
dann reicht der Lehrer allen
die Hand.

Dieter
Udo
Hand
Lehrer

reichen
reicht
halten
erhalten

der
die
dann
und

Wir wollen lernen
Wir wollen helfen

D d
D d

3 [10 08 67]   33

Abb. 9: Unsere Fibel, Berlin (Ost) 1976

Methode, die der Konzepte, der Hypothesen, der Theorie! Immer ging man von Annahmen aus, so und so laufe der Prozeß des Lernens am wirksamsten ab — vom Tonleiterspiel des ABCs bis hin zum handlungs- und kommunikationsbezogenen freieren Spiel des Schriftspracherwerbs. Empirie lag diesen Annahmen immerhin fast 400 Jahre lang nicht zugrunde. Und heute, wo wir aus Untersuchungen einiges wissen, sind viele Fibeln noch immer nicht auf dem Stand der Erkenntnis, sondern z. T. eher auf dem trivialen der Akzeptanz und des Gutgemeinten. Schauen wir hin, wie das komplexe Vermögen, lesen zu können, über die Zeiten hin elementarisiert und im Hinblick auf einen Lehrgang, der zu diesem Vermögen führen soll, aufgebaut wurde! Wer zum Lesen hinführen will, muß zu den Worten und Sätzen und Texten hinführen — zu ihrem Verständnis. Zurückgreifen kann er dabei immer auf mancherlei, was schon vorhanden ist: die Kenntnis von Wörtern, ihre Klangschemata, ihre Bedeutung, die Semantik von Sätzen, Erfahrungen mit Strukturen. So gesehen wissen Kinder immer schon mehr, als sie mit Hilfe von Fibeln dazulernen müssen. Und es gehört sozusagen zur Tragik der Geschichte der Fibel, daß ihre Sprache hinter der der Kinder, die mit ihr lesen lernen, um ein weites Stück immer zurückblieb.

Geschichte der Methoden: Buchstabiermethode

Wer lesen und schreiben lernt, lernt mit Hilfe des gesprochenen und des gehörten Wortes, des Satzes, des Textes (denn er kann ja schon eine Menge selbst sprechen und verstehen) das Entziffern des in Schrift Aufgezeichneten und das Aufzeichnen von Gehörtem, Gedachtem. Und das lernt er in unseren Sprachen mit Hilfe der Buchstabenschrift. Eine Buchstabenschrift aber zeichnet nicht jedes einzelne Wort als ein bildhaftes Zeichen auf, sie bezieht sich also nicht nur auf das Gesamtschema „Wort", sondern sie bezieht sich auch auf die abgebildeten gesprochenen *Laute* der Sprache (die Buchstaben also) — eine höchst ökonomische Erfindung, die es ermöglicht, jedes neue Wort nicht durch ein weiteres Zeichen, sondern mit Hilfe weniger (also der rund 30) Buchstaben aufzubauen. Das entlastet unser Gedächtnis enorm. Das macht Lesen in kürzester Zeit möglich. Aber es verlangt vom Anfänger eine hohe Abstraktionsleistung, nämlich die, seine Aufmerksamkeit auf die Beziehung zwischen Lauten, die er ja noch nie zuvor aus Wörtern bewußt herausgehört hat, und Buchstaben, die ja selbst noch gar keinen Sinn ergeben, zu richten und die Beziehung zwischen beiden herzustellen. Abstraktion gleich zu Beginn des Schriftspracherwerbs! Die Geschichte der Fibel stellt sich, so betrachtet also, als eine Geschichte der Abstraktionen dar, Abstraktionen nicht nur von Realität und Situationen, sondern von Sprache auch. Und die erste dieser Abstraktionen von lebendiger Sprache ist nun einmal das überlieferte Alphabet. Folgerichtig durchaus beginnt die Geschichte der Fibel somit mit der „Buchstabiermethode".

Aber *wie* sie damit beginnt, das zeigt doch auf sehr interessante Weise, wie auch Pädagogen (wie alle Anfänger) nicht mit dem Leichtesten, sondern oftmals dem Schwierigsten beginnen, nämlich nicht nur mit den Buchstabennamen selbst (a, be:, tse:, de:, e: usf.), sondern auch noch mit ihrer Reihenfolge. Systemzwang also von Anbeginn an. Von Kindgemäßheit in einem ersten Ansatz kann man dennoch schon sprechen; denn immerhin waren es die faszinierendsten Wesen, mit deren Hilfe man das Abstrakte nahebrachte: so im „Lutherischen ABC und Namen=Büchlein für Kinder" die Tiere: Adler, Bär, Camel, Distelfink, Esel, Fuchs und Gockel. Groß- und Kleinbuchstaben wurden natürlich zugleich eingeführt. Doch die Buchstabiermethode vollzog sich nicht nur am Beispiel der Anfangsbuchstaben von Tiernamen; ein Fortschritt war es bereits, als in *Johann Christoph Weigels* ABC-Buch zum ersten Mal mit der expressiven und lautmalenden Funktion von Buchstaben gespielt wurde. Die Beziehung von Laut und Buchstabe zum Sinn wurde geknüpft. Freilich wurde der Buchstabe selbst noch silbig gesprochen: /we:/. Dafür aber wurde emotional bereits an das erinnert, was alle Kinder wohl kannten: den Wehlaut, wenn sie, zu Recht, versteht sich, Schläge erhielten. „Dieses Kindlein hat nichts gelernt, darumb wird es mit Ruthen gehauen und schreyet *weh*; hier muß man gleich auff das *w* deuten und dem Kind sagen: hier, sihe; dieß heißet *w*." So in der Fibel „Neu erfundener Lust-Weg" aus dem Jahre 1700. Kindgemäßes Einbuchstabieren von damals! (Vgl. auch Abb. 10 aus: Johann Balthasar von Antesperg, Das Josephinische erzherzogliche A.B.C. oder Namensbüchlein, Graz 1741)

Man sieht: an den konkreten Lebenssituationen lernte man, trotz sprachlicher Abstraktion, schon sehr früh, und man kann bei *Hans-Jürgen Kiepe* nachlesen, wie handfest bereits die „Augsburger Fibel" aus dem Jahre

Abb. 10: Buchstabiermethode, 1741

1486 sich auf das Leben der Kinder bezog; man lernte an Wörtern wie „korn" und „gersten" und „torten" und − „brannt wein". Mitnichten war der Katechismus allein das Thema des Lesenlernens! − Aber es war das System der Buchstaben, mit dem alles seinen Ausgang nahm. Und die Buchstaben wurden schon damals in zwei Gruppen geteilt: in Vokale („Redner" und „Stürmer") und in Konsonanten („Mitheller"). Aus Selbst- und Mitlauten setzen sich Silben zusammen, aus Silben Wörter: das konsequente synthetische Verfahren der ersten Jahre! Daß sich diese Buchstabiermethode bis in das Ende des vorigen Jahrhunderts − neben anderen Verfahren − hineinretten konnte, ist vielen gar nicht bekannt. *Erwin Schwartz* zitiert in seinem Büchlein „Der Leseunter-

16

richt" (Braunschweig: Westermann 1964) aus den Lebenserinnerungen Helene Langes. Sehr schön wird hier die Qual der Methode beschrieben: „Es genügte nicht etwa, daß man die gedruckten Silben lesen konnte, man mußte erst buchstabieren und dann zusammenziehen. Als ich schüchtern bemerkte, ich hätte immer Wörter gelesen, wurde ich gefragt, was denn *be-u-ze-ha* bedeute, worauf ich nach scharfem Nachdenken erwiderte: *buzeha*. Die Verfänglichkeit der Frage, was denn *de- u- em- em* heiße, verstand ich nicht; erst das Gelächter der anderen und die Erklärung einer Mitschülerin brachten die unverständlichen Laute mit einer Eigenschaft in Verbindung, deren Zusammenhang mit meiner kleinen Person mir nun allerdings richtig zu sein schien." (S. 38) Was dieses Zitat über die Qual der Methode hinaus sehr schön verdeutlicht, ist: daß Methode der Leselehre und individueller Weg des Lesenlernens in der Tat zweierlei ist. Die Methode besteht auf dem Buchstabieren; das Kind aber liest längst schon Silben und Wörter. Es gehorcht dann zwar dem System des Lehrers und hält sich sogar für dumm, weil es dieses System nicht begreift; doch es ist längst viel weiter, als es der vorgeschriebene Weg weist. Und ich denke, so ist es Kindern immer ergangen – und so ergeht es ihnen noch heute. Sie können weiter sein, als die Fibel es vorschreibt; sie können anderswo sein; sie können sogar entgegen dem System der Methode lernen.

Die Klagen über die „erste Qual der Jugend, die elenden Buchstaben", wurden schon viel früher laut. „Vielleicht", schreibt *Schwartz*, „fehlte darum in den alten ABC-Büchern auf der letzten Seite niemals der Hahn, das

Abb. 11: Der Hahn als Symbol für Fleiß

Bild des Fleißes und der Weisheit, denn beides mußte wohl hinzukommen, wollte man trotz dieser Methode das Lesen . . . lernen" (S. 40). Der Hahn gab also nicht nur das *i* her mit seinem Schrei, sondern stand als Symbol für frühes Aufstehen und Fleißigsein (z. B. Abb. 11 aus: Lachendes Leben, um 1935).

Lesenlernen trotz der Methode? Keine Fibel könne, so wird manchmal pointiert und zynisch gesagt, verhindern, daß Kinder das Lesen lernen. Obwohl ich da bis heute, angesichts der zu vielen Analphabeten in unserer Gesellschaft, meine Zweifel habe, ob das tatsächlich stimmt, so beleuchtet dieses Diktum zumindest, was ich eingangs hervorhob: das Lernen selbst geht immer auch andere Wege als die systematisierte Methode; und es wird nachher zu fragen sein, ob wir nicht auch *mit* der Fibel ein gutes Stück näher an natürlicheres Lernen herankommen können.

Lautiermethode

Doch zunächst bleibe ich noch bei der Geschichte. Was für ein wichtiger Schritt: von der Buchstabier- zur Lautiermethode! Bereits der große Sprachtheoretiker *Valentin Ickelsamer* hatte im Jahre 1527 in seinem Buch „Die rechte weis auffs kürtzist lesen zu lernen" auf dieses Verfahren hingewiesen und geschrieben: „Auf diese weis (gemeint war die Buchstabiermethode) lernet keiner lesen denn durch lange gewohnheit" — womit er auf das Unökonomische dieser Methode hinweist, auf den unnötigen Umweg eines Systems. Und er plädierte für den Beginn mit den „Lautbuchstaben", also den gesprochenen, nicht buchstabierten: *a, b, d,* . . . So einleuchtend dieser Hinweis damals schon gewesen sein muß und so selbstverständlich er uns heute ist, es dauerte nahezu dreihundert Jahre, ehe er sich durchsetzte (Abb. 12 aus: Jacob Grüßbeutel, Eyn Besonder fast nützlich stymmen büchlein mit figuren, Augsburg 1534). Die pädagogischen Mühlen mahlen langsam — auch heute noch! (Hoffen wir nur, daß es nicht weitere dreihundert Jahre währt, ehe die letzte Schreibschriftfibel abgeschafft ist, ehe die Kinder auch das Schreiben — wieder — mit der Druckschrift lernen dürfen!) Und halten wir uns vor Augen, welche Rolle die Schuladministration bei solchen Umstellungen spielt! *Robert Schweitzer* schreibt in seinem Aufsatz „Die Geschichte des Lesenlernens im Spiegel

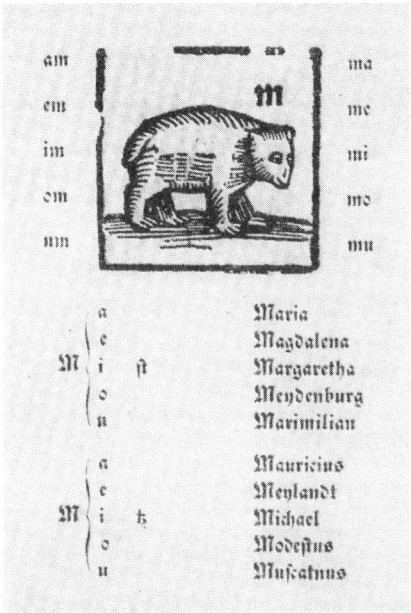

Abb. 12: Lautiermethode, 1534

der Fibel": „Nicht die großen Pädagogen schafften die Buchstabiermethode ab, sondern die Schuladministratoren" (in: May, Markus und Robert Schweitzer, Wie die Kinder lesen lernten. Die Geschichte der Fibel, Stuttgart: Ausstellungskatalog der Württembergischen Landesbibliothek 1984, S. 20). In der Tat, ohne sie läuft auch heute noch nichts. Die Hinweise der Sprach- und Erziehungswissenschaftler, die Ergebnisse empirischer Untersuchungen führen auch heute erst dann zu einer Umsetzung in den Fibeln und Lehrgängen, wenn die Richtlinien und Lehrpläne dazu auffordern. Je klarer und unmißverständlicher sie es ausformulieren, um so rascher vollzieht sich eine Methodenentwicklung.

Es war der fränkische Schulrat *Heinrich Stephani*, der den Siegeszug der Lautiermethode (1802!) in Gang setzte. Es dauerte weitere 70 Jahre, bis die Buchstabiermethode in Preußen 1872 offiziell abgeschafft wurde. Nun muß zur Rettung der Ehre der Lehrer und Fibelautoren gesagt werden: Schon lange vorher bemühten sich aufgeschlossene Pädagogen um natürlichere Wege der Leselehre, und auch heute sind es vorbehaltlos denkende Lehrkräfte, die nicht immer erst die Anweisungen der Administration abwarten, ehe sie mit sinnvolleren Verfahren beginnen als denen, die ihnen vorgesetzt und vorgeschrieben werden. Durchsetzen kann sich ein neuer Weg, das lehrt uns die Geschichte der Fibel, aber erst, wenn er durch Lehrpläne auch unterstützt wird.

Die Lautiermethode war vielfältig: Die einen bedienten sich des Anlautverfahrens, gewannen die Laute also aus den Anfangsbuchstaben/-lauten von Wörtern; andere wählten die „Interjektionsmethode", sie gingen also von Ausrufewörtern oder onomatopoetischen Ausdrücken aus (dem Schrei des Hahnes, dem Muhen der Kuh oder den Schreckens- und Jubelrufen von Kindern: i!u!a!). Und es gab schon das, was seit 1843 „Normalwörtermethode" genannt wurde, bei der man die einzelnen Laute aus dem gewann, was wir heute „Grundwortschatz" nennen würden (Abb. 13 aus: F. W. Theel, Hand-Fibel für den Lese- und Schreibunterricht, Berlin: Wohlgemuth 1890). Das synthetische Verfahren bis hin in die 70er Jahre setzte Laute zu Silben und Wörtern zusammen; das analytische gewann aus Wörtern die Laute.

Abb. 13: Normalwortmethode, 1890

Ganzheitsmethode

Einen echten Paradigmawechsel in der Erstlesemethode hat es dann in den 20er Jahren mit der sogenannten „Ganzheitsmethode" gegeben. Was war geschehen? *Georg Kerschensteiner* hatte in Amerika erfahren, daß die Kinder dort, wegen der mangelnden „Lauttreue" der Buchstaben, also der unzulänglichen Übereinstimmung zwischen den Buchstaben und ihrem Lautwert in den einzelnen Wörtern, zu Beginn des Leselehrgangs nicht Buchstaben-Laut-Zuordnungen irgendwelcher Art durchführten, sondern ganze Wörter — ja: auswendig lernten, speichern und wiedererkennen lernten. Wäre *Kerschensteiner* damals nach China gereist, hätte er dieses Ganzheitsverfahren noch radikaler kennengelernt; denn dort müssen die Kinder noch heute, weil das Chinesische keine Buchstabenschrift ist, Tausende von Zeichen ganzheitlich lernen; sie können sich auf Buchstaben gar nicht beziehen. Nun, er brachte seine Erkenntnisse nach München mit und gab *Hans Brückl* die Anregungen für dessen erste Ganzwortfibel „Mein erstes Buch" (1923, vgl. Abb. 14). Bayerische Versuchsschulen erprobten dieses Verfahren, und siehe da: auch auf diese Weise ließ sich das Lesen erlernen. Natürlich nicht ohne nachträgliche Ausgliederung der Laute und Buchstaben, aber doch immerhin: von den Wörtern ausgehend. Am Anfang stand nun die Bedeutung. Am Anfang standen Wörter, die die Kin-

der schon kannten. Das war also der Paradigmawechsel vom Abstrakten hin zum Konkreten. *Artur Kern* (1931) schrieb seine Fibel „Wer liest mit?". Seine Ganzheitsmethode hat das Lesenlernen in den 50er Jahren bestimmt.

Methodenstreit

Mit diesem Verfahren begann dann, da sich ja nun immerhin zwei divergierende Methoden gegenüberstanden, der „Methodenstreit" zwischen den Analytikern und den Synthetikern. Man glaubte, wie das in der Pädagogik häufig der Fall ist: einer von beiden könne nur der richtige Weg sein. Entweder man beginnt mit ganzen Wörtern oder gar Sätzen das Lesenlernen – oder, wie seit langem, mit Buchstaben/Lauten, die man dann zu Silben und Wörtern zusammensetzt. Beide Wege erfuhren Unterstützung durch die Psychologie (Assoziations-, Elementen-, Ganzheitstheorie). Beide Wege wurden in Unterrichtswerken realisiert; so gab es nicht wenige Verlage, die sowohl einen analytischen Leselehrgang als auch eine synthetische Fibel anboten (Abb. 15 aus: Meine liebe Fibel, Bochum: Kamp 1970; Abb. 16 aus: Lustige Leseschule, Bochum: Kamp 1970).
Die zweifellos wissenschaftstheoretisch am besten abgesicherte Untersuchung über die Effizienz der beiden unterschiedlichen Methoden stellt die von *Ferdinand* dar (Willi Ferdinand, Über die Erfolge des ganzheitlichen und des synthetischen Lese-/Schreib-Unterrichts in der Grundschule, Essen: Neue Deutsche Schule Verlagsgesellschaft 1970), der über die unter-

Abb. 14: Ganzwortmethode, 1923

20

Abb. 15: Synthetische Methode, 1970

paß auf, Martin
paß auf
ein Auto
komm, Martin
komm schnell mit

Abb. 16: Analytische Methode, 1970

schiedlichen Auswirkungen der Verfahren berichtet. Er stellte von 1966 bis 1969 an 690 Schülern vier Schuljahre hindurch systematische Beobachtungen an, und zwar in 11 Versuchs- und 11 Kontrollgruppen. *Ferdinand* kommt cum grano salis zu ähnlichen Ergebnissen wie *Schmalohr* und *Müller.* Nach dem 1. Schuljahr ist eine Überlegenheit synthetisch unterrichteter Schüler festzustellen; nach 24 Monaten Schulbesuch sind kaum noch Effektivitätsunterschiede der Methoden zu bemerken; ganzheitlich unterrichtete Schüler erhielten allerdings bessere Aufsatznoten (vgl. Ferdinand 1970, S. 102).

Einen kritischen Vergleich der Ansätze und Ergebnisse dieser Untersuchungen hat *Heuss* durchgeführt (Gertraud E. Heuss, Leselehrverfahren in empirischer Sicht, in: Blätter für Lehrerfortbildung 23, Heft 10/1971). Sie macht auf die jeweils offengebliebenen Fragen aufmerksam, zählt die Unsicherheitsfaktoren in diesen Untersuchungen auf und kritisiert die teilweise unzureichenden wissenschaftstheoretischen Grundlagen der Untersuchungsverfahren. In vorsichtiger Abwägung der Ergebnisse weist sie darauf hin, daß es sicher falsch wäre, „aufgrund dieser Daten ein endgültiges Urteil über die einzelnen Lehrverfahren zu fällen". Eines steht für sie fest: „*Das* beste Leselehrverfahren gibt es nicht" (S. 377), da es die Unabhängigkeit eines Verfahrens von den Lehrpersonen nicht gibt.

Tatsächlich sind in keiner Untersuchung alle Unsicherheitsfaktoren ausgeräumt worden und können in zukünftigen Untersuchungen auch nicht ausgeräumt werden. So bleibt z. B. ungeklärt, welche Einflüsse die Inhalte eines Lehrganges auf den Lernerfolg haben, welche der verwendete Schreiblehrgang, welche die motivationalen Faktoren, die Sympathie des Lehrers, seine Einstellung zur Methode, zu einem Lehrbuch usf. Die Methode selbst ist eben nur *ein* Faktor unter anderen für den Lernerfolg; man wird bezweifeln müssen, ob sie der wichtigste ist.

Die jahrelangen Untersuchungen zur Methodeneffizienz haben dazu beigetragen, den Methodenstreit zu beenden. Beide Wege wurden als sich ergänzende und notwendig aufeinander zu beziehende angesehen. Das „integrative Verfahren" wurde entwickelt, wie wir es in den verschiedensten Ausprägungen heute noch lehren.

Integration der Methoden

Der Methodenstreit der 60er Jahre hat uns gelehrt: das einzelheitliche wie auch das ganzheitliche Verfahren haben in ihrer Einseitigkeit zu Beginn des Lehrgangs Nachteile. Synthetische Fibeln hatten es schwer, zu Beginn sprachlichen Sinn zu vermitteln; sie begannen mit dem Abstrakten, Sinnleeren. Analytische Lehrgänge gelangten oftmals viel zu spät zu dem, was unsere Buchstabenschrift ausmacht, zu den Lauten und Buchstaben; sie waren konkret, aber das wirkliche „Erlesen" von neuen Wörtern begann in ihnen oftmals zu spät. Die Methodiker der einen und anderen Seite bekämpften sich geradezu. Schulen bildeten sich. Man warf sich gegenseitig vor, Legastheniker zu produzieren. Effektivitätsuntersuchungen wurden durchgeführt, die herausbrachten, daß beide Verfahren am Ende der

Lernprozesse zu ganz ähnlichen Ergebnissen führten. Die großen Unterschiede des Lernanfangs führten beide, wenn die Methoden solide durchgeführt wurden, zum Lesenkönnen. Ein Wunder? Nein! Die Selbstverständlichkeit hieß: Um lesen zu können, muß man *beides* erlernen: das Zusammensetzen von Buchstaben zu Wörtern — und das Speichern von möglichst vielen Wörtern als Ganzheit. Was lag also näher, als beide Verfahren miteinander zu verbinden? Den Lehrgängen von *Pregel* (Lesen heute), *Biglmaier* (Westermann Lesebuch 1) und *Heyer* (Leselehrgang des Pädagogischen Zentrums) kam das Verdienst zu, den erneuten Paradigmawechsel in der Lesemethode verwirklicht zu haben. Das war zu Beginn der 70er Jahre. Seitdem sind nahezu alle Fibeln methodenintegrativ oder, wie man auch sagt, „analytisch-synthetisch".

Fibelgeschichte — Lesekultur

Ich fasse zusammen: Die Geschichte der Fibel ist eine Geschichte der konzipierten Methoden, nicht eine des wirklichen Lesenlernens, auch nicht eine des tatsächlichen Leseunterrichts in den Schulen. Fibeln haben beides immer nur ausgerichtet, gelenkt, nie aber gänzlich festgelegt. Lesenlernende Kinder eignen sich Schriftsprache vielfältiger an, als Fibeln es weismachen; Lehrerinnen und Lehrer sind oft einfallsreicher als Leselehrgänge. Dennoch gehören Fibeln, obwohl die Pausbäckigkeit ihrer Bilder über den Lerndruck und -zwang, den sie auslösen können, nachträglich leicht hinwegtäuscht, zu jenen Schulbüchern, auf die man kaum wird verzichten können (nur in Ausnahmefällen, wenn kompetente und wirklich erfahrene Lehrkräfte am Werke sind); denn sie stellen ja immer auch ein großes Anregungspotential zur Verfügung. Wir wissen heute nicht, wie die Geschichte des Lesenlernens verlaufen wäre ohne eine Geschichte der Fibel; aber wir dürfen vermuten, daß wir, trotz der Kritik an den Fibeln, die heutige Schriftsprachkultur auch der Leselehrkultur unserer Fibeln verdanken, – ein mühevoller Weg einer Kulturgeschichte, ein gänzlich von Erwachsenen bestimmter Weg, ohne das Wissen über die tatsächlichen Lernwege der Kinder, oftmals, wie uns Helene Lange gelehrt hat, ohne Rücksicht auf die vielfältigeren Aneignungsmöglichkeiten der Kinder und bis heute noch immer nicht in Kongruenz mit ihnen. Aber: die Geschichte der Fibel ist doch eine Geschichte der Einführung in das Buch, in die Literatur, die ohne Administration und ohne Lehrgänge nicht zur heutigen Lesekultur geführt hätte.

Die Geschichte des Schreibens

Die Geschichte der Schrift

Damit wir die Geschichte des Schreibenlernens in unserer Zeit besser verstehen können, sollten wir uns zunächst einen Überblick über die Geschichte der Schrift verschaffen: Wie sind wir zu unserer Buchstabenschrift gelangt? Warum schreiben wir von links nach rechts?

Die frühesten Beispiele eines Systems der Schrift kennen wir aus sumerischen Siedlungen zwischen dem Euphrat und Tigris, sie stammen aus einer Zeit vor rund 5500 Jahren. Es handelt sich um Keilschriften: in Tontafeln eingeritzte Zeichen, die noch nicht Buchstaben repräsentierten, sondern ganze Wörter: *Piktogramme* für Lebewesen / Gegenstände wie Vogel oder Ochse und *Ideogramme* für Ideen wie Tag oder Zeit. Diese Tontafeln aus Tempeln jener Zeit zeigen auch bereits, wie Lehrer und Schüler damals miteinander gearbeitet haben mögen. Auf der Vorderseite vieler dieser Tafeln fand man die „Vor-Schrift des Lehrers", auf der Rückseite die zumeist unvollkommenere Nachahmung des Schülers – Beispiele für die ersten Schreiblehrgänge aus längst vergangener Zeit! (nach: Donald Jackson, Alphabet. Die Geschichte des Schreibens, Frankfurt: S. Fischer Verlag 1981, S. 16, vgl. Abb. 17 und 18)

Abb. 17: Sumerische Bildzeichen, 3. Jh. v. Chr.

ca. 3000	ca. 2500	ca. 2000	ca. 1000	
				Hand
				Gras
				Fisch
				Ochse
				Ziegenbock

Abb. 18: Entwicklung der Keilschrift in Mesopotamien und Persien

Rund 2000 solcher Piktogramme mußten die Sumerer entwickeln, um umfangreichere Informationen festhalten und übermitteln zu können. Das bedeutete einen erheblichen Lernaufwand. Piktografische Schriften sind unökonomisch; sie stellen hohe Anforderungen an das Gedächtnis. (Noch heute müssen chinesische Kinder eine große Menge von Einzelzeichen lernen, um z. B. eine Zeitung lesen zu können! Was unsere Kinder im 1. Schuljahr erlernen, dazu brauchen chinesische etwa vier Jahre.) Der Vorteil einer piktografischen Schrift ist freilich, daß man dieselben Schriftzei-

chen für verschiedene Sprachen, Mundarten, Dialekte verwenden kann; sie beziehen sich ja nicht auf die gesprochene Sprache, sondern direkt auf die Gegenstände und Sachverhalte.

Die revolutionäre Leistung für die Geschichte der Schrift bestand darin, die für ganze Wörter stehenden Zeichen in solche umzuwandeln, die gesprochene Laute repräsentieren. So konnte man z. B., wie Jackson schreibt, das Piktogramm der Biene verwenden, „um jedes Wort ... darzustellen, in dem der Laut B vorkommt" (S. 17). Es bedurfte einer langen Entwicklung, ehe man zu den 26 Buchstaben gelangte, die unser Alphabet aufweist: für jeden gesprochenen Laut einen Buchstaben. Aus wenigen Einzelzeichen konnte man nun die Fülle der Wörter einer Sprache in Schrift umsetzen.

Es waren die Phönizier am östlichen Mittelmeer, die vermutlich um 1500 v. Chr. das erste Buchstabenalphabet entwickelten, und von ihnen aus verbreitete sich diese Schrift über den gesamten Mittelmeerraum. Doch erst die Griechen entwickelten zu den Konsonanten (denn man verschriftete zunächst nur die auffälligsten Mitlaute) auch die Vokale (Abb. 19). „Das phonetische Prinzip hatte gesiegt. Das echte Alphabet war endgültig erfunden" (Gustav Barthel, Konnte Adam schreiben? Weltgeschichte der Schrift, Köln: M. DuMont Schauberg 1972, S. 142). Das war im ersten Jahrtausend vor der Zeitenwende.

Geschrieben, geritzt und gepinselt wurden die frühen Schriften zunächst von rechts nach links. Die rechte Schreibhand legte sich nicht auf die leere Tafel, sondern an ihren rechten

24

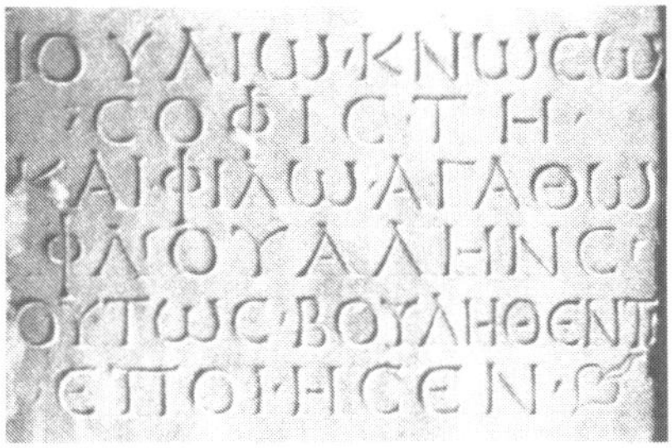

Abb. 19: Griechische Steininschrift 3.−2. Jh. v. Chr. (Louvre, Paris)

Rand − und fuhr dann mit dem Griffel oder dem Pinsel allmählich nach links. Die Schreibgeräte hatten einen langen Stiel, so verwischte und verdeckte man die Schriftzeichen nicht. (Wenn viele Kinder noch heute gern von rechts nach links schreiben, so ist das ein durchaus natürlicher Vorgang; sie wiederholen gleichsam die natürliche Entstehung der Schriftbewegung.) Erst mit der Erfindung des neuen Schreibinstruments, der Rohrfeder, änderte sich die Schreibrichtung. Man schrieb zunächst „furchenwendig" hin und her: von rechts nach links und wieder zurück von links nach rechts und schließlich nur noch von links nach rechts, wie wir noch heute schreiben. Diese Schreibweise ergab sich also aus den Schreibgeräten, nicht aus der Natur des Schreibens. Und das müssen auch unsere Kinder erst lernen.

Die uns vertrauten Schriften stammen von der Schrift der Römer ab, die wir vor allem durch in Stein geschlagene Inschriften in Großbuchstaben kennen, der Capitalis Monumentalis (Abb. 20). Bei ihr wie auch bei der späteren, mit Rohrfeder geschriebenen Capitalis Quadrata gab es zwischen den Wörtern keine Zwischenräume (Abb. 21).

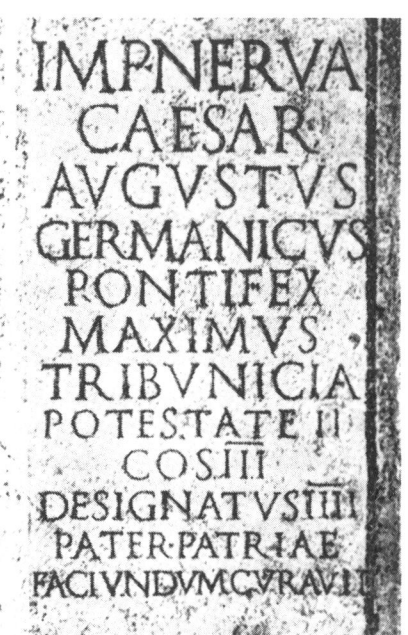

Abb. 20: Römische Capitalis Monumentalis, ca. 100 n. Chr. (Vatikanische Museen, Rom)

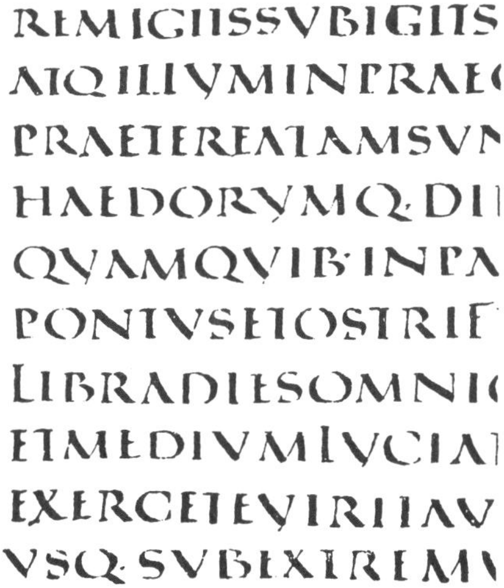

Abb. 21: Römische Capitalis Quadrata, 4. Jh. n. Chr. (Vatikanische Bibliothek, Rom)

25

Wenn die Römer sich schnell etwas notieren oder eine kurze Mitteilung machen wollten, schrieben sie mit einem spitzen Griffel in eine Wachstafel oder mit der Feder auf Papyrus. Das ist der eigentliche Vorläufer unserer Handschriften (Abb. 22, aus: Barthel, a. a. O.).

Bis zur Erfindung des Buchdrucks (Mainz 1457) entwickelten sich die Formen der geschriebenen Schriften über viele Stufen hin bis zu den drei heute noch lebendigen Gattungen: den gebrochenen Schriften, den Antiqua-Schriften und den Kursiv-Schriften (Abb. 23–25, aus: Albert Kapr, Schriftkunst, Dresden: VEB Verlag der Kunst 1971). Es waren wenige, die schreiben konnten; und nicht jeder, der zu lesen imstande war, konnte, wie heute, auch schreiben. Geschrieben wurde von den Mönchen in Klöstern – und von Schreibern, die eine Klasse berufsmäßiger Handwerker bildeten. Diese Handwerker verbanden sich in den Städten zu einer Zunft; Schreiblehrlinge wurden ausgebildet; man machte sein Meisterstück als Schreiber, Farbenhersteller, Maler und „Illuminateur". Und anschließend konnte man dann bei Grafen und Herzögen in Dienst gehen – für schlechten Lohn, für Wohnung und Nahrung.

Abb. 22: Römische Handschrift aus Pompeji

Abb. 23: Fraktur, 1566

Abb. 24: Renaissance-Antiqua, 1544

Abb. 25: Kursive, 1567

Je mehr das gedruckte Buch sich durchsetzte, um so mehr verloren die Schreibmeister an Ansehen. Sie mußten ihre Fertigkeiten anpreisen, sie nahmen Kinder des Adels und Handwerks als Schüler in ihre Werkstätten auf, immer mehr Menschen lernten schreiben. Aus dem Schreibmeister wurde ein Schulmeister. Interessant ist, was einer dieser Schulmeister im Jahre 1516 in einem „Werbeplakat" vor seiner Schule aushängte: „ein grundt do durch er mag von jm selbs lernen sin schuld uff schriben und läsen" – schreibenlernen, um nicht betrogen zu werden, das war sicher ein starkes Motiv! „Und wer es nicht lernen kann, weil er zu ungeschickt ist, dem will ich es umsonst beigebracht haben und nichts zum Lohn von ihm nehmen." Damals wurden die Schulmeister also nach dem Erfolg bezahlt – auch ein starkes Motiv für Lehre! Doch ihre Gilde verarmte.

Die Geschichte des Schreibenlernens

Mit der Einführung der ersten Fibeln im 15. und 16. Jahrhundert wurde mit dem Lesen auch das Schreiben gelernt − ob zugleich oder in gebührendem Abstand: wir wissen es nicht. Hinweise auf das Schreibenlernen gibt es jedenfalls erst in Fibeln späterer Jahrhunderte. Wie verlief nun die Lehre vom Schreiben, seit es sie im Sinne einer methodischen Vermittlung gibt?

Fibelausstellungen hat es in den letzten Jahren eine ganze Reihe gegeben; eine Ausstellung von Schreiblehrgängen gibt es bis heute noch nicht. Es dürfte auch schwierig sein, eine solche Ausstellung zustande zu bringen. Das hat mehrere Gründe: Erstens wäre eine solche Ausstellung wenig attraktiv; Schreiblehrgänge sind bis heute nüchtern, nahezu bilderlos und kaum interessant genug für eine Ausstellung. Schreiblehrgänge schneiden im Vergleich mit Fibeln schlecht ab; sie sind ein Stiefkind der Schulbuchproduktion von Anbeginn an. Zum anderen sind Schreiblehrgänge Verbrauchsmaterialien; in ihnen wird geschrieben, sie gehen in die Hand der Kinder über, sind also nachträglich kaum mehr auffindbar. Zum dritten gibt es sie als selbständige Büchlein oder Hefte erst seit unserem Jahrhundert. Das Schreiben wurde nicht mit Hilfe von Büchern gelernt, es vollzog sich im Prozeß selbst; die Vorlagen gab der Lehrer an der Tafel; die Ergebnisse der Schüler sind kaum mehr zugänglich, sie sind zum größten Teil vergangen, verwischt − zumal sie zu einem Teil auf Schiefertafeln standen.

„Schiefertafelschreiben": es taugt gleichsam als Symbol für das Schreiben bis in unsere Zeit! Obwohl die Schiefertafel meines Wissens das erste Mal bei *Pestalozzi* erwähnt wird und obwohl es sie in unserer Zeit gottlob nicht mehr gibt, so ist doch die Art und Weise, in der sich auf ihr das Schreibenlernen vollzog, tatsächlich symbolisch zu nennen: ein Vorgang des Abzeichnens, Aufzeichnens, des Schreibens als handwerkliche oder, später, gestalterische Tätigkeit für den Schreibenden selbst und den kontrollierenden Lehrer, mühsam vollzogen, dann abgewischt und verlöscht, ohne jede Funktion für Mitteilung, Kommunikation. Schreibenlernen zwischen dem lernenden Kind und dem Lehrer, zwischen der schreibenden Hand und dem lesenden Auge des Schreibers/der Schreiberin − nie mitgedacht ein anderer Leser, dem das Geschriebene zum Lesen gegeben wurde. Schreiben ohne Mitteilungs- und Ausdruckswert, reduziert auf den Vorgang der reinen Bewegung, der Formwiedergabe! Was Schreiben zuallererst ist, Mitteilung des Gedachten, Empfundenen für einen Leser oder zumindest Fixierung zum Wiederlesen, das wurde es in der Geschichte des Schreibenlernens zuallerletzt. Erst heute beginnen wir zu begreifen, daß es die kommunikative Funktion des Schreibens ist, die wir schon im Lernprozeß von Anbeginn an zu berücksichtigen haben, von der alle Schreibmotivation ausgeht.

Der Anfang aber war gänzlich anders! *Wilhelm Barfaut* (Der Schreibunterricht, Weinheim: Beltz 1968) berichtet in seinem Überblick über die Geschichte des Schreibunterrichts darüber. Am Anfang, vom 16. bis in das 18. Jahrhundert, war Schreibunterricht eine Meisterlehre. Sie bestand aus dem Vor- und Nachmachen. Lernen als Nachahmung. Präzise Bewegungsvollzüge, planmäßig und systematisch erlernt, Buchstabe an Buchstabe. Die Schriften der Schüler – ein stolzes Abbild der Schrift des Meisters. Individualität war so wenig gefragt wie Kommunikation, jedenfalls nicht zu Beginn des Lernvorganges. Geschrieben wurde mit widerspenstigen Materialien, mit Federkielen, kratzend und klecksend. Es muß ein mühsamer Vorgang gewesen sein. Die Schriften vielfältig: Fraktur (Abb. 23), Antiqua (Abb. 24), deutsche Kurrent oder lateinische Kursive (Abb. 25). Das alles lernte ein Kind natürlich nicht sogleich mit oder neben dem Lesen; Schreibenlernen war ein komplizierter Prozeß, den man erst viel später erlernen konnte. Manche erlernten ihn nie.

Eine Methode des Schreibunterrichts für Kinder gibt es erst wirklich seit *Pestalozzi* im 19. Jahrhundert. Ausgangstätigkeit für die „Schreibkunst", wie *Pestalozzi* es noch nannte, war das Zeichnen. „Schon in der ersten Epoche des Unterrichts müssen dem Kinde die Buchstaben in genauen Ausmessungen" vor Augen gestellt werden. Das Kind schreibt zuerst „mit dem Griffel auf Schiefertafel", erst später mit der breiten Feder. Schreibenlernen also hier das erste Mal: von Anbeginn an!

Genetische Methode

Durch *Stephani* (1815) erhielt eine Methode des Schreibunterrichts zum ersten Mal einen Namen: die „genetische Schreibmethode". Sie stellt den Aufbau der Schreibkunst von ihren Elementen bis zu ihrer Vollendung dar: von den Elementen der Buchstaben also bis hin zur fertigen Schrift.

Kriterien einer so zu erlernenden Schrift waren Schönheit, Einfachheit, Deutlichkeit, Regelmäßigkeit. Was wir Heutigen uns aus dieser Methode noch hinter die Ohren schreiben können: „Jeder Buchstabe aber ist einfach, wenn er nicht mehr Züge enthält, als zu seiner Gestaltung wesentlich nötig sind", alles „Schnörkelwerk" muß fehlen (so Stephani 1815). Vor Augen stand ihm als Schrift eine im Vergleich zu damaligen Schriften tatsächlich schnörkellose deutsche Schrift, eine Kurrentschrift (also verbundene Schrift). Vierzig Jahre später, so schreibt *Barfaut*, wählt *Dietlein* für den Unterricht auf allen Schulstufen das preußische „Normalalphabet", den beliebtesten Duktus der deutschen Kurrent (Abb. 26). Doch auch die sog. „englische Schreibschrift" (unserer lateinischen Ausgangsschrift ähnlich – Abb. 27) steht ihm als Alternative vor Augen. Die einzelnen Buchstaben werden aus ihren Elementen heraus entwickelt und später zu Wörtern verbunden – in den methodischen Grundzügen so, wie wir es noch heute in unseren Schulen tun.

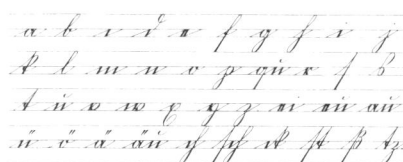

Abb. 26: Kleinbuchstaben der deutschen Kurrentschrift

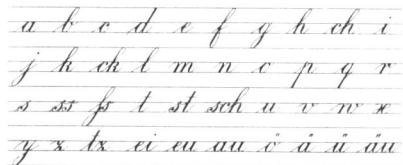

Abb. 27: Kleinbuchstaben der englischen Schreibschrift

Die genetische Methode führte das lernende Kind also vom Einfachen (den Buchstabenelementen) zum Schwierigen (zu den Buchstaben, Wörtern und Sätzen). Elementarisiert wurde damit der Vorgang des Nachschreibens, nicht der des Schreibens als einer Mitteilung in geschriebener Sprache. Vom Tonleiterüben zum ersten Musikstück, vom Trockenschwimmen zur Bewegung im Wasser. Der Schreibprozeß als Ganzes wurde zu Beginn des Lehrgangs noch nicht ins Auge gefaßt!

Das änderte sich auch nicht, als später in der „physiologischen Methode" die Aufmerksamkeit stärker auf die Bewegungen des Schreibens gerichtet wurde. Immerhin wurde von nun an berücksichtigt, daß die ungelenke Kinderhand erst durch vielfältige Vorübungen die schwierigen und von Kleinmuskelbewegungen bestimmten Schreibvorgänge durchführen kann. Die Buchstaben wurden nicht mehr nur unter ihrem Formaspekt elementarisiert, sondern auch unter dem Aspekt der Bewegung. Immer aber ging man vom Buchstaben aus; verbundenes Schreiben stand niemals am Anfang.

Sütterlin-Schrift

Zu Beginn unseres Jahrhunderts bekam die Schreiberziehung einen neuen Entwicklungsschub durch *Ludwig Sütterlin. Sütterlin* war Schriftkünstler, und er setzte daher bei der zu erlernenden Schrift und den Schreibmaterialien an. Die bis dahin gültigen Schulschriften waren schwer zu erlernen; und die Spitzfeder war für den Schreibanfänger ein schwer handhabbares Instrument. *Sütterlin* vereinfachte die Ausgangsschrift (eine „VA" also

damals!), und er ließ mit Kugelspitzfeder schreiben — ein enormer Fortschritt, wenn wir bedenken, wie wichtig Schreibmaterial und Schrift für das Erlernen des Schreibens sind! Daß die „Sütterlinschrift" eine Schrift in senkrechter Lage ist, war ganz gewiß physiologisch ein Nachteil; doch sie war einfacher und klar gegliedert. Groß- und Kleinbuchstaben sahen sich ähnlich. Beide Alphabete, in deutscher Schrift (Abb. 28) und in lateinischer Schrift (Abb. 29), waren in ihren Bewegungsvollzügen leichter schreibbar — und sicher auch lesbar. Überhaupt: Deutlichkeit und Lesbarkeit waren zum ersten Mal Kriterien für eine Schrift. Flammen- und Wellenlinien wurden ausgeschieden, da sie das

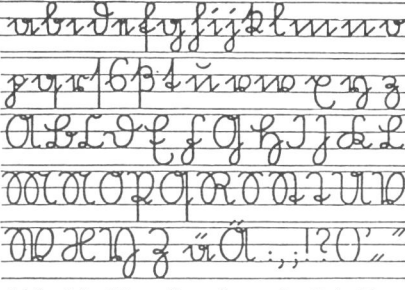

Abb. 28: Sütterlins deutsche Schrift

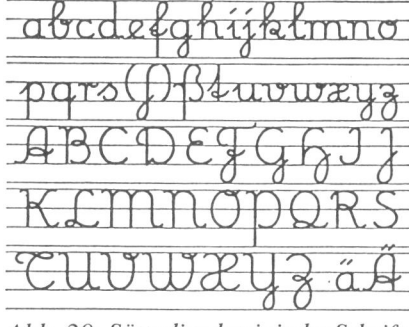

Abb. 29: Sütterlins lateinische Schrift

29

Schreiben erschweren und für das lesende Erkennen hinderlich sind. Die kommunikative Funktion des Schreibens wurde zum ersten Mal (nicht in diesen Worten natürlich) schon beim Schreiblernprozeß mitbedacht. Und die individuelle Ausformung der Schrift! Die Buchstaben sollten „eine neutrale Ausgangsschrift" darstellen, „die nach ihrem ganzen Wesen auf persönliche Gestaltung und Entwicklung berechnet ist". *Sütterlin* war ein Kind der Kunsterziehungsbewegung!

Wie nahe *Sütterlin* bereits an der heutigen Methode des Erstschreibens war, zeigt der Stufenaufbau seines „aufbauenden Schreibens": Ziel der ersten Stufe war die Beherrschung der Buchstaben-Rohformen; auf der zweiten Stufe (im zweiten Schuljahr) erlernten die Kinder die Buchstabenverbindungen, das Schreiben von Wörtern und Sätzen; die dritte Stufe führte dann zur persönlichen Handschrift. „Die Sütterlin-Schrift und -Methode wurde", wie *Elisabeth Neuhaus-Siemon* schreibt, „vor allem in Preußen sehr gefördert"; hier wurde 1926–28 auch die Sütterlin-Lineatur eingeführt, die wir in ähnlicher Form noch heute verwenden.

Brückls Methode

War Sütterlins Methode eindeutig von der Kunsterziehung aus bestimmt, so gab *Hans Brückl* dem Erstschreibunterricht neue Impulse aus dem Gedanken des Gesamtunterrichts heraus. Die Kinder schrieben zunächst vornehmlich Wörter, die von den Themen und Inhalten ihrer Erlebnisumwelt bestimmt waren. Schreiben hier zum ersten Mal in seiner Ausdrucksfunktion – nicht mehr formal an den Formen und den Bewegungen orientiert! Schreiben auch als Teil des Gesamtunterrichts – nicht mehr als Sonderkursus mit eigenen Gesetzen! Da war es für *Brückl* nur konsequent, daß er Lesen- und Schreibenlernen von Anbeginn an miteinander verband. Das wiederum führte folgerichtig dazu, daß die Ausgangsschriften für das Lesen- und Schreibenlernen die gleichen sein mußten. *Brückl* benutzte in seinem berühmt gewordenen Lehrgang „Mein Buch zum Anschauen, Zeichnen, Schreiben, Lesen und Zählen" (1922) die Linear-Antiqua als Lese- und Schreib-Ausgangsschrift (Abb. 30). Er lehnte verbundene Schreibschriften als Ausgangsschriften ab, „da die Wortbilder durch die ineinanderfließenden Schriftzüge nicht so prägnant seien und diese Schrift als Erstschrift schwer zu schreiben sei" (*E. Neuhaus-Siemon*). Was für ein Fortschritt in der Schreiberziehung! Doch welche Umwege mußten gegangen werden, bis wir heute wieder bei diesem Gedanken angekommen sind!

Die Nationalsozialisten verboten 1933 *Brückls* Methode, da sie damals zunächst wieder die deutsche Kurrentschrift – und als Leseschrift die Fraktur – in ihre Schulbücher einführten, jene Schrift also, die auch als äußeres Kennzeichen das Deutsche signalisie-

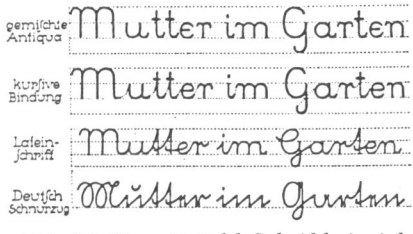

Abb. 30: Hans Brückl, Schriftbeispiele für organische Schriftentwicklung

Peter, wir spielen !
mit dem Auto,
mit dem Wagen,
mit dem Roller,
mit dem Ball !
wir spielen im Garten !

14

Abb. 32: Fibelseite in Linear-Antiqua (1931/1945)

ð – ðu, ðer, ðen, ðir, ðein, ða für,
mü ðe, je ðe, la ðen, fchei ðen, ða heim.

t – tau fen, tei len, hü ten, leuch ten,
lau ter, wei ter, teu er, rot, tot, tun,
er eil te – er taufch te – er teil te aus.

Abb. 31: Fibelseite in deutscher Kurrentschrift (1918)

ren sollte. (Im westlichen Europa hatte sich die lateinische Schrift längst durchgesetzt.) So wurde einem klugen pädagogischen Weg in der Erstlese- und Schreiberziehung ein jähes Ende bereitet (Abb. 31, aus: Ferdinand Hirts Neue Schreib-Lese-Fibel. Nr. 1: Für Stadtschulen, Breslau: Königliche Universitäts- und Verlagsbuchhandlung 1918). Erst nach 1945 genehmigte die Militärregierung Brückls Fibel wieder – in der Fassung von 1931! (Abb. 32)

Ganzheitsmethode

Zu dieser Zeit hatte sich aber in der Lese- und bald auch der Schreibmethodik die „Ganzheitsidee" durchgesetzt. *Kerschensteiner* hatte die Ganzheitsmethode für das Lesenlernen aus Amerika mitgebracht – seit *Artur Kern* wurde sie auch auf das Schreibenlernen angewendet. So wie die Kinder ganze Schrift- und Klangbilder (also Wörter) beim Lesen erlernten, ohne zunächst ihre Buchstaben selbst zu kennen, so lernten sie nun auch sogenannte „Schreibbilder" als Ganzheiten niederzuschreiben. *Kerns* Methode begann von Freiburg aus einen wahren Siegeszug. Bis in die 60er Jahre hinein war ihr fast eine ganze Lehrergeneration verschworen. Und eine ganze Schülergeneration lernte das Schreiben von ganzen Wörtern wie *Peter, Vater, Jochen, Auto* usf., ohne einen einzigen Buchstaben selbst benennen zu können. Möglich war das über langwierige Schreibvorkurse, in denen die Kinder Girlanden, Arkaden, Schleifen, Ovale usf. aneinanderreih-

31

ten und so tatsächlich „in einem Zuge" Wörter als Ganzheiten zu schreiben erlernten, – das natürlich in verbundener Schrift und seit 1954 nicht mehr in der von den Nationalsozialisten 1942 eingeführten „Deutschen Normalschrift" mit ihren „flammenden" Groß- und runden Kleinbuchstaben, sondern an der „lateinischen Ausgangsschrift", die wir seit jener Zeit als Normschrift in unseren Schulen haben (Abb. 33, aus: Artur und Ingomar Kern, Wir lernen Lesen. Fibel, Freiburg: Herder 1954).

Falsche Elementarisierung

Die Geschichte des Schreibenlernens ist weitgehend eine Geschichte des „Handwerks" des Schreibens gewesen: von der Meisterlehre des Nach-schreibens über die Bewegungslehre der Kunsterzieherbewegung bis hin zur Einspurungslehre der Ganzheitsmethode. Erst in unserer Zeit hat sie sich zu einer Lehre schriftsprachlicher Kommunikation entwickelt. Wie die Geschichte des Lesenlernens ist auch die des Schreibenlernens über Jahrhunderte bestimmt gewesen von der Elementarisierung des Gesamtprozesses: von den Buchstaben oder gar ihren Elementen und Grundbewegungsformen hin zu den Wörtern und Sätzen, von der Zerlegung des Gesamtprozesses zu seiner allmählichen Zusammensetzung. Schreiben und Lesen als kommunikative Handlungen konnten so von den Kindern niemals als Ausgangspunkt der Lernprozesse begriffen werden. Eine falsche Elementarisierung, wie wir heute wissen!

in der Schule ist es schön

*die Kinder malen auf die Tafel
den Tisch das Auto den Ball*

*Frank und Peter
lesen im Buch*

*Anita schreibt
in das Heft*

Michael rechnet

was machen Elke und Thomas

Abb. 33: Fibelseite in lateinischer Ausgangsschrift (1954)

32

Schriftspracherwerb heute

Ziele und Elementarisierung

Was jeder Anfangsunterricht im Lesen und Schreiben anstrebt, ist die Fähigkeit, schriftsprachlich kommunizieren, sich ausdrücken und Erkenntnisse gewinnen zu können. Dies gälte es didaktisch-methodisch zu elementarisieren. – Was in der Geschichte des Erstunterrichts jedoch stets zuerst elementarisiert wurde, war nicht der Gesamtprozeß, es waren vielmehr Teile dieses Prozesses wie Buchstaben, Wörter, Schreibbewegungen usf. Dabei blieb zunächst den Lernenden gänzlich verborgen, welche Funktion die einzelnen Lernschritte in bezug auf das Ganze haben. Wer Girlanden malte, lernte über die Schrift noch wenig; wer Laute den Buchstaben zuordnete, kaum etwas über das Lesen; wer das ABC lernte, noch nichts über das Kommunizieren, – Verfahren, die vergleichbar wären einer Vermittlung der gesprochenen Sprache in der frühen Kindheit über eine Art Artikulationstraining (erst die Lippen- und Zungenbewegungen, dann das Unterscheiden der Laute) oder das Erlernen der Aussprache von Einzelvokalen und -konsonanten *vor* den in sprachliche Handlungen eingebetteten Wörtern und Sätzen. Zwar muß gewiß alles schulische Lernen systematisiert sein, aus ökonomischen Gründen, damit es sich rascher und einsichtsvoller vollzieht; doch muß dies nicht auf so künstliche Weise geschehen, wie es sich uns in der Geschichte dieser Lernprozesse bisher darstellt.

Was heute elementarisiert wird, ist der *Zeichenprozeß:* Zeichen setzen, Zeichen lesen. Zeichen sind die Elemente des Kommunikationsprozesses. Sie haben Bedeutung, verweisen auf physisch, geistig oder emotional vorhandene Sachverhalte oder auf Dinge und sind eingebettet in Situationen der Darstellung, des Ausdrucks, Appells oder des geistigen Spiels. – Wenn ich bei der Darstellung eines auf Zeichen bezogenen Anfangsunterrichts hier mit dem *Setzen* von Zeichen beginne, so nicht, um eine Reihenfolge im Lernprozeß zu signalisieren, sondern um, anders als bisher, auf die elementare Bedeutung *beider* Prozesse, des Schreibens (Zeichensetzens) und Lesens (Zeichenlesens), hinzuweisen. Schreiben und Lesen in Korrespondenz zueinander! Aber es sei damit auch darauf aufmerksam gemacht, daß das Schreiben wahrscheinlich als Ausgangspunkt für das Lernen motivierender ist als das Lesen. Es ist die expressivere Handlung im Vergleich zum Lesen, das die rezeptive Seite dieses Prozesses darstellt. Also beginne ich meine Darstellungen mit dem Schreiben!

33

Zeichen setzen

Niemand hat wohl deutlicher darauf hingewiesen, daß das Erlernen der schriftlichen Sprache „nicht einfach eine Aneignung der Technik des Schreibens" ist, als der Sprachwissenschaftler *L. S. Wygotski*. Beim Erlernen des Schreibens, so heißt es bei ihm, „eine der Hauptschwierigkeiten in der ungenügenden Entwicklung der Feinmuskulatur und in anderen Momenten zu erblicken heißt, die Wurzeln der Schwierigkeiten nicht dort zu sehen, wo sie wirklich liegen." (Wygotski, Lew S., Denken und Sprechen, Berlin: Akademie Verlag 1964, S. 224) Wygotski sieht diese Wurzeln vor allem in der mangelnden Motivation des Kindes, das schreiben zu lernen beginnt, und in der Abstraktheit der Schriftsprache.

Nun stellt zwar die Technik des Schreibens anfangs für das Kind ein Problem dar (unausgebildete Feinmuskulatur, mangelnde Bewegungsorganisation); die schon recht differenzierten kindlichen Zeichnungen und Kritzeleien (Abb. 34) zeigen jedoch, daß in der Auseinandersetzung mit konkreten Inhalten diese Schwierigkeiten von den meisten Kindern sehr viel leichter überwunden werden können als in der Auseinandersetzung mit etwas so Abstraktem wie den Schriftzeichen. Bild- und Kritzelzeichen stellen ja *Primärzeichen* dar, ikonische Zeichen, mit denen die Kinder schon unmittelbar Bedeutung fixieren, mit denen sie etwas abbilden und sogar schon kommunikative Handlungen durchführen können, indem sie ihre Bilder und Kritzelbriefe anderen zum Ansehen und zum „Lesen" geben. Beim Erlernen der ersten Zeichen des *sekundä-ren* Systems der Buchstaben, die ihrerseits nur Fixierungen von bedeutungsleeren Lauten sind, entfällt die Bedeutungsdimension. Die anfänglich besonders hohe Abstraktion von den Inhalten beim Buchstabenschreiben oder Girlandenmalen sowie die geringe Motivation, sich mit bedeutungsleeren Spuren zu beschäftigen, führt natürlich dazu, daß Schreiben, auf den bloßen Nachvollzug von Schriftspuren reduziert, zu einer Art „Krampf" wird. Was viele Kinder vor dem Eintritt in die Schule schon besser beherrschten: den Umgang mit Schreibmaterialien, das Ausführen und die Koordination von Bewegungen — das gelingt ihnen beim Erstschreiben nicht mehr: die Muskulatur verkrampft, das Schreiben eines einzelnen Buchstabens wird zur größeren Anstrengung als das Zeichnen eines kleinen komplexen Bildes.

Die Verfasser von Schreiblehrgängen haben Methoden entwickelt, mit denen diese Schwierigkeiten beim Erstschreiben überwunden werden können: das rhythmische „Schreibturnen", das großformatige Nachspuren, das Aneinanderreihen von Grundformen der Buchstabenschrift usf. Dabei haben viele jedoch ihre Aufmerksamkeit mehr auf die Bewegungsvollzüge als auf die Schreibmotivation gerichtet; sie haben sich also zu wenig mit den „Wurzeln" des Problems auseinandergesetzt oder diese eben, wie man mit *Wygotski* argwöhnen muß, allein in der „ungenügenden Entwicklung der Feinmuskulatur" vermutet. Die Titel mancher Werke zum Erstschreiben und viele Kapitelüberschriften in Arbeiten zu diesem Thema bestätigen diese Vermutung: „Schrift als Bewegung", „linksherum und rechtsherum", „Lebendige Schrift", „Schreiben ist Bewegung", „Schreibenlernen mit

34

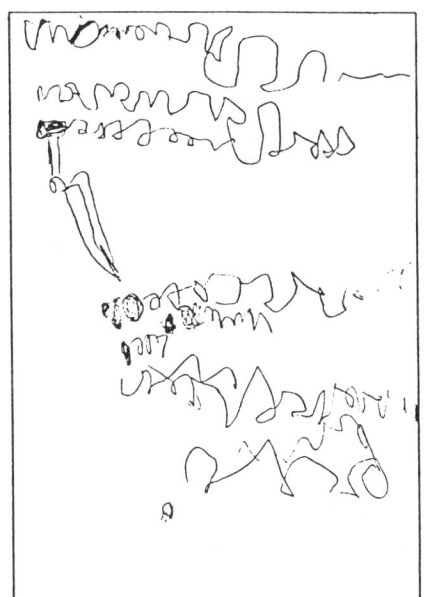

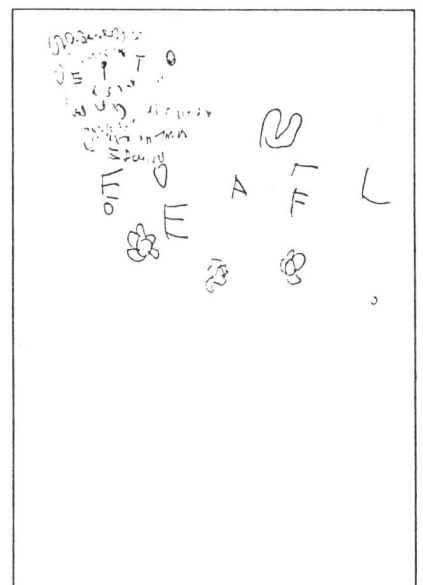
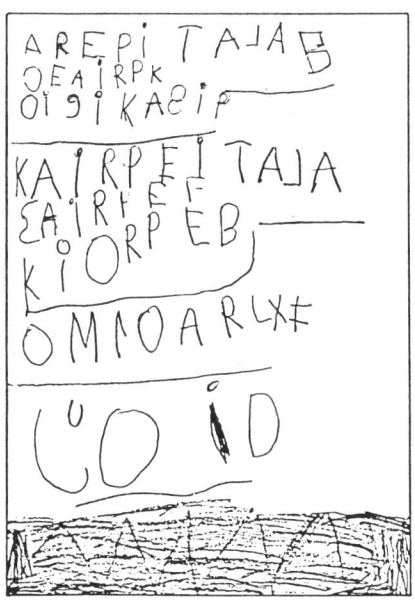

Abb. 34: Kritzelbriefe von Schulanfängern

Kinder-Reimen" usf. Kein einziger Titel weist auf „Schrift als Verständigung" oder „Schreiben als Setzen von Zeichen" hin.

Das Erstschreiben ist noch weitgehend von drei Annahmen bestimmt: von der Vorstellung, daß die entscheidenden Probleme im Bereich des Motorischen lägen; daß diese Probleme mit Methoden musisch-ganzheitlicher Schreiberziehung am ehesten zu lösen seien und daß Lesen- und Schreibenlernen zunächst getrennt voneinander gelernt werden müßten. Alle drei Annahmen stehen einem Erstschreibunterricht unter kommunikativem Gesichtspunkt im Wege. Selbst in einem der umfangreichsten und unter dem Gesichtspunkt der Technik des Schreibens vollkommensten Schreiblehrgänge gehören Aufgaben folgender Art zum obligatorischen Übungsrepertoire: „Die Kinder sollen im fließenden Rhythmus die weiße Spur nachschwingen. Sie sollen eine passende Melodie finden und mitsummen." (Boyer, Fischer, Mayr, Wir üben schreiben. Schreiblehrgang, Braunschweig: Westermann 1974, S. 16) Schreiben wird so auf die Beschäftigung mit der eigenen Hand, mit Bleistift und Papier, mit einer Spurvorlage zurückgeschraubt, vom Schreiben selbst wird beinahe schon wieder durch die Konzentration auf Verse und Melodien abgelenkt. Flüssiges Schwingen der Grundformen der lateinischen Ausgangsschrift, rhythmisches Schreiben, Girlanden- und Arkadenmalen: dies alles bestimmt die ersten Unterrichtswochen des Schreibunterrichts und verhindert, wenn es zu ausschließlich und zu lange betrieben wird, die viel wichtigere Erfahrung, daß Schreiben ein *Akt des Setzens lautbezogener Grapheme*

(Buchstaben), *bedeutungstragender Zeichen* (Wörter) und eine *Handlung* ist, mit der man *Kontakt zu einem Partner aufnehmen* und sich mit ihm verständigen kann. Das Nachmalen der Buchstaben des eigenen Namens, das Aufschreiben einer Telefonnummer, ja selbst das „Schreiben" eines einfachen Briefchens in Kritzelschrift ist, so betrachtet, der Kommunikationshandlung Schreiben verwandter als das Zeichnen von Girlanden und Arkaden, das mit Kommunikation zunächst noch überhaupt nichts zu tun hat.

Das Schreiben wäre unter diesem Gesichtspunkt besser aus dem *Zeichnen und Kritzeln* zu entwickeln, dem Setzen von Zeichenreihen, denen das Kind „Bedeutung" mindestens bereits unterstellen oder beilegen kann und die schon in der pragmatischen Dimension auf einen „Leser" zu verwendet werden können, als aus dem Rhythmisch-Musikalischen, wie dies noch vielfach geschieht. In den Richtlinien des Landes Nordrhein-Westfalen wurde schon früher ausdrücklich auf die Wichtigkeit der „Kritzelperiode" hingewiesen, in der verschiedene Werkzeuge erkundet und erprobt und die Schüler zur intentional gesteuerten Werkzeugwahl angeleitet werden.

Auch *F. Bärmann* hat an vielen Beispielen gezeigt, „daß Kinder des Schulanfangs, von der Sache, vom Erlebnis, aus sich selbst heraus (intrinsisch) motiviert, ‚Zeichen setzen' wollen und Zeichen setzen lernen", und er plädiert nachdrücklich für eine Entwicklung des Schreibens aus dem Zeichnen: „die Geburt des Zeichens aus dem Zeichnen, der Schrift aus dem Bild". (Bärmann, Fritz, Graphische Bestandsaufnahme, In: Die Grundschule, Heft 6 / 1975, S. 324)

36

Vom Kritzeln zum Schreiben

Wie das Kritzeln allmählich ins Schreiben überführt werden kann, habe ich an anderen Stellen gezeigt. (Wolfgang Menzel, Renate Vieweg, Kritzelbriefe, Erste Mitteilungen. Ein Unterrichtsmodell, In: Praxis Deutsch, Heft 9/1975 sowie Wolfgang Menzel, Schreiben lernen, In: Dietrich Pregel [Hrsg.], Lehrerhandbuch zu „Lesen heute", Hannover: Schroedel 1975) Hier dazu im Überblick eine Reihe von Anregungen, deren gemeinsames Merkmal ist, das Schreiben von Anbeginn an in Beziehung zum Leser (und natürlich damit auch zum Lesen selbst) zu stellen:

1. Die Kinder „schreiben" an einem der ersten Schultage einen *Kritzelbrief* an den Lehrer/die Lehrerin, in dem sie sozusagen mitteilen, *wie* sie schreiben und *was* sie schon schreiben können. Der Lehrer/die Lehrerin gewinnt durch solche Briefe einen ersten Überblick über das, was die Kinder schon an Vorleistungen mitbringen: über den Grad an Gelöstheit, über individuelle Schriftgröße, über Druckstärke, über eher analytische oder eher synthetische Schreibweise usf. In den „Arbeitsanweisungen für die Grundschulen in Baden-Württemberg" wird auf eine solche Einsichtnahme in die Schreibfähigkeiten der Kinder ausdrücklich hingewiesen: „Die Schüler bringen sehr ungleiche Voraussetzungen in der Schreibentwicklung mit. Deshalb muß bei Schulbeginn . . . der Formenbestand analysiert werden, über den der Schüler verfügt. Diese Analyse bildet die Grundlage für ein differenzierendes Vorgehen." Solche Briefchen geben aber zugleich auch immer wieder Gelegenheit, sich mit den Schreibversuchen nicht nur im eigenen Heft auseinanderzusetzen, sondern sich an jemanden zu wenden.

2. Die Kinder werden motiviert, *Kritzelbriefe* mit bestimmten *emotionalen Informationen* zu verfassen: einen lustigen, einen traurigen, einen bösen oder lieben Brief zu schreiben. Bei dieser Art ideographischen Schreibens spielen verschiedene Schreibmaterialien, Farben, Druckstärke und Schriftgröße eine wichtige Rolle; sie werden selbst zum Träger der Informationen.

3. Auch kleine *Briefe* und *Antwortbriefe* dieser Art (mit jemandem Kontakt aufnehmen, etwas Liebes mitteilen und etwas Liebes erwidern, jemandem schriftlich etwas androhen und ihn in der Antwort beruhigen usf.) können verfaßt werden. Natürlich dürfen diese Briefe auch bildhafte Elemente und bereits Teile einer Unterschrift oder schon den ganzen Namen enthalten.

Dies wären erste kommunikationsbezogene Schreibaufgaben, die sich ne-

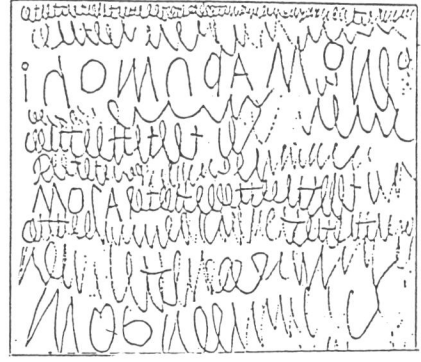

Abb. 35: Brief aus den ersten Schulwochen

37

ben den Schreibübungen in den ersten Wochen durchführen lassen. Entscheidend dabei ist, daß das Kind von Anbeginn an mit dem Bewußtsein das Schreiben erlernt, daß die ersten Spuren, die es auf dem Papier hinterläßt, tatsächlich etwas mit *Schreiben als partnerbezogener Handlung* zu tun haben. Alle diese Ergebnisse haben bereits Mitteilungscharakter (Abb. 35); sie bestehen anfangs aus einer Mischung aus Kritzel- und Bildzeichen und ersten Buchstaben und bedeutungtragenden Zeichen (dem eigenen Namen). Später mündet diese Art partnerbezogenen Schreibens in umfangreichere erste Mitteilungen ein. Ich komme darauf zurück.

Zeichen lesen

„Lesen" auf einer niederen Ebene können die meisten Kinder schon lange, bevor sie in die Schule kommen. Sie kennen die Bedeutung vieler Zeichen (Automarken, Warenzeichen, Nummernschilder usf.); sie wissen nicht nur, was z. B. mit den Markenzeichen ARAL oder VW gemeint ist, sie können sie auch richtig aussprechen, und sie können eine Anzahl von ihnen außerhalb der Situationen, in denen sie auftreten, wiedererkennen.

Dies ist allerdings erst eine Vorstufe des Lesens. Die Kinder sind in der Regel noch nicht in der Lage, die Teilelemente, die einzelnen Buchstaben, aus denen sich die Zeichen zusammensetzen, zu erkennen; sie wissen nicht, daß das V in NIVEA dasselbe Teilelement der Sprache ist wie das V in VW.

Das einzelne bedeutungstragende Zeichen ist für sie noch keine Zusammensetzung aus den Teileinheiten der Buchstaben (Grapheme), sondern eine Ganzheit. Die Kinder haben bisher nur gelernt, das Zeichen als Ganzes zu „lesen"; Farben und Formen und die Gestaltganzheit der Buchstabenkette machen die Einheit aus, die für die Kinder die eine Benzinmarke oder die eine Automarke bedeuten. Das aus den Buchstaben VW zusammengesetzte Zeichen wird von den meisten Kindern nicht anders „gelesen" als das Zeichen ⊛ für Mercedes. Auch werden Zeichenkörper und Bedeutung als eine Einheit begriffen; das Zeichen wird als Zusammengriff von Form und Inhalt verstanden.

Viele Fibeln stellen dem eigentlichen Leselehrgang einige Seiten mit bekannten Zeichen (Verkehrszeichen, Firmenzeichen usf.) voran (Abb. 36, aus: Wilhelm Topsch, Hallo Kinder, Hannover: Schroedel Schulbuchverlag 1987). Der Lehrer/die Lehrerin kann mit oder neben der Fibelarbeit den Schülern durch motivierende Spiele Einsichten vermitteln, die für das Verständnis von Sprache wichtig sind, und kann dies in der Phase tun, in der diese Einsichten am fruchtbarsten werden, in der Phase der ersten planvollen intellektuellen Beschäftigung mit Sprache während des Lesenlernens.

Zeichen-Lesespiele vor dem Beginn des eigentlichen Leselehrgangs finden sich in fachdidaktischen Veröffentlichungen hier und da (so in Praxis Deutsch, Heft 1/1973). Sie nehmen auf, was die Kinder, die in die Schule kommen, schon „lesen" können. Selbst zusammengestellte Arbeitsblätter mit Produktbezeichnungen dienen dazu, die Schrift-Bildzeichen nach bestimmten Gesichtspunkten zu ordnen:

Abb. 36: Zeichen lesen auf den ersten Fibelseiten

Autos, Autos; Was man essen und trinken kann; o. ä. (siehe Kopiervorlagen, S. 40 und 41). Man kann Dominos oder Memorys mit Zeichen und den dazugehörigen Zeichnungen herstellen (siehe Kopiervorlage, S. 41) und so die Kinder ermuntern, ihre Umgebung „lesend" zu erfahren, noch ehe sie wirklich lesen können. Was daran für den gesamten Prozeß des Schriftspracherwerbs bedeutsam ist: daß sie Schriftsprache, vor aller (später notwendigen) Elementarisierung in Buchstaben, als etwas erfahren, was eine kommunikative Funktion hat.

Integratives Lernen

Will man die Frage nach der Methode, nach der heute Leselehrgänge aufgebaut sind, mit einem bekannten Begriff schlagwortartig beantworten, so wird man sie am ehesten als *integrativ* (analytisch-synthetisch) bezeichnen können. Was heißt das aber nun genauer? Den Begriff „Integration" beziehe ich auf alle Operationen, die beim Erwerb der Schriftsprache erlernt werden müssen, und damit meine ich, daß diese Operationen nicht im Aufbau des Lehrgangs nacheinander, sondern in jeder Lerneinheit und von Anbeginn an *mit*einander durchgeführt werden, da sie sich gegenseitig unterstützen und im Lernprozeß auch tatsächlich in engster Beziehung zueinander stehen.

Diese Teiloperationen sind nun im einzelnen:
— die Zuordnung von Wort und Bedeutung;
— die Zuordnung von Buchstabe und Laut (Phonem);
— das Wiedererkennen des optisch und akustisch Gleichen (Identifikation);
— das Unterscheiden von optisch und akustisch Ähnlichem, aber Ungleichem (Diskrimination);
— das Analysieren (Ausgliedern von Lauten/Buchstaben aus dem Wort und von Wörtern aus dem Satz);
— das Synthetisieren (Zusammensetzen von Buchstaben zu Wörtern und von Wörtern zu Sätzen);
— das Speichern von Wortschemata (Einprägen einer Reihe von ganzheitlich vermittelten Wörtern durch stete Wiederholung in Sätzen und Texten);
— die Verankerung des Gelernten durch Beteiligung *aller* Sinne (auf-

Zeichen-Lesespiel Autos

40

westermann®

Zeichen-Lesespiel Nahrungsmittel

Zeichen-Lesespiel Domino/Memory

41

merksames Hören, genaues Sprechen, Lesen, leseunterstützendes Schreiben, experimentelles Spiel, Reflexion und kommunikatives Handeln). Auch die Verbindung von Lesen und Schreiben gehört also unter den Begriff des „Integrativen".

Diese geistigen, sinnlichen, motorischen Tätigkeiten werden im Lehrgang „Die Fibel" (Braunschweig: Westermann 1986) in jeder einzelnen Lerneinheit von Anbeginn an aktiviert:
- Die Fibel führt mit einer Text-Bild-Ganzheit in eine bestimmte Situation ein (Situationseröffnung);
- die Bedeutung der sprachlichen Elemente (Wörter, Sätze) wird zunächst handelnd/spielend aus dem bildlich dargestellten Situationszusammenhang erschlossen (Bedeutungsgewinnung);
- aus den Sätzen werden die sinntragenden Wörter ausgegliedert und mit Hilfe der Übungsangebote zu neuen Sätzen zusammengesetzt (Satzanalyse, Wort-Satz-Synthese);
- aus einzelnen Wörtern werden Buchstaben/Laute auditiv und visuell ausgegliedert (Buchstaben-Laut-Analyse), und diese werden, wo immer möglich, zur Zusammensetzung neuer Wörter verwendet (Buchstaben-Wort-Synthese).

Auf diese Weise wird der Bestand der wichtigsten bedeutungtragenden Wörter durch Synthetisierung allmählich erweitert. Grundsätzlich können also diese Synthesewörter in einer neuen Einheit tatsächlich „erlesen" werden. Sie bestehen aus bereits analysierten Buchstaben oder Wortteilen und einem jeweils neuen, zu analysierenden Element. So ergibt sich z. B. das neue Wort *Foto* aus den schon vorher ausgegliederten Buchstaben *o*, *F*, *t* und das Wort *Boot* durch die Neueinführung des *B* und die Synthese aus den schon bekannten Buchstaben *o* und *t*.

Ein Leselehrgang, der den Anspruch erhebt, integrativ zu sein, sollte jedoch nicht zu konsequent aufgebaut sein. Sehen wir uns einmal an, wie sich, unter dem Schlagwort „methodenintegrativ" auftritt, heute vielfach darstellt, um zu belegen, daß auch dieses vernünftige Verfahren nun seinerseits in Systemzwänge geraten ist, von denen seine Erfinder nichts ahnen konnten. Dargestellt sei dies an einer Fibel, die es gottseidank gar nicht gibt. Das erste Wort einer solchen Fibel sei *Tom*, eine Ganzheit, ein Name, eine Identifikationsfigur für die kleinen Leserinnen und Leser. Die Ganzheit *Tom* wird fein säuberlich analysiert in die Buchstaben *T* und *o* und *m*. Die so gewonnenen Laute/Buchstaben werden sodann genutzt, um neue Wörter mit ihnen zu bilden (der Synthetisierungsprozeß also): *Toto* und *tot* womöglich, vielleicht auch *Otto* und *Omo*. Dann kommt ein neuer Buchstabe/Laut hinzu, versteckt zunächst in einem neuen Wort: *kommt*. Man kann jetzt schon erste Sätze bilden: *Tom kommt; Toto kommt; Otto kommt* usf. Das Wörtchen *auch* darf nicht vorkommen; es hätte zwar möglich gemacht, *Otto kommt auch* zu bilden — immerhin einen etwas sinnvolleren Satz als das bisherige Gestammel, Gestotter; doch *auch* kommt erst später; es ist ja ein *ch* darin, und das ist ein Laut erst am Ende des Lehrgangs. Ich versage es mir, diesen Lehrgang ironisierend fortzusetzen; was ich sagen will, dürfte deutlich sein: Systemzwang — statt natürlichem Lernen. In vielen integrativen Verfahren unserer Zeit herrscht ein und dasselbe Gesetz: Jedes neue Wort fällt sogleich der Analyse anheim, jeder neue Buchstabe wird sogleich zum möglichst vielfältigen Aufbau von neuen Wörtern ausgeschlachtet. Kein Wort, das man nicht synthetisieren kann; kein Wort, das man nicht analysiert. Ein intelligentes Spiel, ein konsequentes Verfahren, Jandls „Ottos Mops" in Fibeln transferiert – unter der Fahne der „Integration". Und was ist mit jenen Wörtern, die die Kinder in ihrer Sprache immer wieder verwenden, die sie lesen und schreiben möchten? Was ist mit *ich* und *spielt* und *wir*, was mit *Nikolaus* am Nikolaustag? All diese Wörter kommen nicht vor, da das Buchstabenmaterial für sie noch nicht vollständig zur Verfügung steht, da man sie für Analyse noch nicht vollständig nutzen kann. – Wie weit haben wir uns eigentlich von der Buchstabiermethode des 16. Jahrhunderts emanzipiert?

Ich habe eingangs von der „Tragik" der Geschichte der Fibel gesprochen, daß nämlich ihre Sprache immer hinter dem zurückbleibt, was Kinder längst sprechen können – und doch wohl auch lesen wollen. Muß das so sein? – Das integrative Verfahren hätte uns jedenfalls nach überwundenem Methodenstreit die Chance einer „echten" Integration eröffnet, der nämlich, einzelheitliche und ganzheitliche Wege zu gehen; die Vorzüge der Ganzheitsmethode, die ja doch auch funktioniert hat, zu verbinden mit denen der Analyse und der Synthese von Buchstaben/Lauten aus und zu Wörtern. Offensichtlich fürchten heute aber manche Fibelautoren und, da sie das Fürchten auch die Lehrkräfte gelehrt haben, viele erfahrene Lehrerinnen

und Lehrer wie Beelzebub seinen eigenen Namen die Ganzheitlichkeit. Als ob es nicht erst vor zwanzig Jahren möglich gewesen wäre, über achtzig Wörter sich ganzheitlich einzuprägen! Es war weitgehend wirklich gelungen; und die Fehler dieses Verfahrens lagen ja doch in der Einseitigkeit, nicht in der Möglichkeit des Wiedererkennens solcher Wörter wie *Jochen* und *Grete* und *Auto* und *fährt*. Ganz unbegründet ist diese Furcht. Wenn die Sprache der Fibel nur interessant, motivierend und kindgemäß ist, merken sich Kinder eine ganze Reihe von Wörtern auch ganzheitlich – und am Ende lernen sie doch alle auch synthetisieren. Und haben wir dabei nicht auch unser Ziel aus dem Auge verloren, wenn wir auf ganzheitliches Einprägen gänzlich verzichten, nämlich: daß wir doch alle wollen, daß möglichst viele Wörter als Schemata eines Tages aus dem Gedächtnis einfach abgerufen werden können, ohne daß man sie ständig erneut synthetisiert? Nein, bei einer natürlichen Methode des Lesenlernens sind viele Fibeln auch mit ihrem „integrativen" Ansatz bis heute nicht angelangt!

Zwei Arten von Wörtern

Ein natürlicheres Verfahren ist durchaus möglich. Ein Beispiel: In den Texten des Lehrgangs „Die Fibel" werden von Seite zu Seite, wie in jeder anderen Fibel auch, neue Wörter eingeführt. Dies geschieht jedoch, anders als in den meisten Fibeln, auf *zweierlei Weise*:
1. *synthetisierend* – und also „erlesend" (z. B. Wörter wie *Toni, Fine, Foto, rot, Tor*);
2. *ganzheitlich* – und also schematisierend (z. B. *malt, ist, auf, ein*).

43

Manche Lehrerin und mancher Lehrer, die den Umgang mit Fibeltexten gewohnt sind, in denen sich jedes neue Wort durch Analyse und Synthese aus den vorherigen ergibt, oder die ihre Lehrgänge weitgehend einzelheitlichsynthetisierend durchgeführt haben, mögen die besorgte Frage stellen, was denn eigentlich mit den zunächst ganzheitlich aufzunehmenden Wörtern geschieht; ob sie denn überhaupt richtig verarbeitet werden; ob die Schüler sich diese Wörter denn merken würden. Vielleicht haben sie sogar die Befürchtung, daß diese Wörter gar nicht richtig lesen gelernt werden.

Daß diese Fibel mit *Analysewörtern* und *ganzheitlichen Wörtern* arbeitet, hat zwei Gründe: Erstens ist der Leseanfänger imstande, Wörter sowohl in ihrer Laut-Buchstaben-Folge zusammenzusetzen und also von seinem Wissen über die jeweils gelernten Regeln der Laut-Buchstaben-Zuordnung auditiv zu synthetisieren; er vermag aber auch begrenzte, kürzere Wortschemata visuell-ganzheitlich zu speichern und sie sich also vom Gesamtklang und -bild zu merken. Analytische Fibeln boten früher zunächst die ersten Wörter (oftmals 60—80) überhaupt nur ganzheitlich an. Man achtete damals auf den sogenannten „Steilheitsgrad", d. h. auf einer Fibelseite durfte nur eine sehr begrenzte Anzahl von Wörtern neu eingeführt werden; die bekannten wurden stets wiederholt. Das war notwendig, damit sich die Schüler die Fülle der neuen Wörter überhaupt merken konnten. Das Unangemessene dieses Verfahrens bestand aber darin, daß die Analyse sehr spät durchgeführt wurde und die Schüler damit auch erst sehr spät die Regeln der Laut-Buchstaben-Zuordnung lernten und damit zu lange

Zeit auf die bloß visuell-semantische Speicherung von Wörtern angewiesen waren. Man sagte, sie „errieten" die Wörter nur. Tatsächlich waren sie nicht imstande, sie zu „erlesen"; jedes neue Wort mußte wieder als neu zu erlernendes Schema gespeichert werden. Nun konnte zwar von einem wirklichen Erlesen der neuen Wörter nicht die Rede sein, aber das Wiedererkennen mit dem Auge und das Zuordnen zum Sinn war durchaus kein bloßes Erraten, sondern eben doch schon ein wortbildhaftes Verarbeiten, das sich an bestimmten sichtbaren Merkmalen eines Wortes klar orientierte. Man konnte sich also durchaus auf das Wiedererkennen schon gelernter Wörter verlassen — und kann das natürlich auch heute noch.

Der zweite Grund für die Einführung und/oder „Mitnahme" ganzheitlicher Wörter ist darin zu sehen, daß ein solches Verfahren von Anbeginn an interessantere, spannendere, sinnvollere und natürlichere Texte ermöglicht als ein Verfahren, das konsequent nur analytisch zu erlesende Wörter anbietet. Wie lange muß eine solche Methode etwa auf Wörter wie *ich, wir, macht, hat, ist, spielt* usf. warten, die in Texten für Kinder einfach notwendig sind! Deswegen geht „Die Fibel" diesen vermittelnden, *integrativen* Weg, der dem Lesen mit seinen auditiv-analytischen und visuell-ganzheitlichen Erarbeitungsmöglichkeiten gerecht wird — und der der natürlichste ist.

Das aber führt zu einem Zugeständnis: Nicht jedes ganzheitlich eingeführte Wort muß schon gleich abrufbar behalten werden. Es kommt in einem Text vor, wird vorübergehend aufgenommen, wird für eine Zeitlang mitgenommen — und darf auch vorüberge-

44

hend wieder vergessen werden. Gewiß: die wichtigen dieser Wörter werden ständig wiederholt – in der Fibel selbst und auf den Arbeitsblättern. So prägen sie sich allmählich durch stete Wiederaufnahme ein, bis sie eines Tages, etwa wenn das *w (wir)* oder das *ch (ich)* von der Laut-Buchstaben-Zuordnung her erfaßt worden sind, auch analysiert und synthetisiert werden können. In diesem Augenblick kommt zur ganzheitlich-visuellen Verarbeitung im semantischen und im Seh-Gedächtnis die auditiv-synthetische Verarbeitung im Hör-Gedächtnis hinzu. Jetzt erst kann man auch eines dieser kleinen Wörter, wenn es neu hinzutritt (z. B. *euch, wird*), wirklich erlesen.

Sollte also das unmittelbare Wiedererkennen eines Wortes wie *mich* etwa vorübergehend nur aus dem Kontext heraus möglich sein, sein Sinn also ergänzend oder nur vermutend erschlossen werden können, so gibt das keineswegs zu Besorgnis Anlaß. Mit der Einführung des *ch* wird es dann auch erlesen und fest verankert.

Lesen ist immer ein mehrdimensionaler Vorgang, an dem *auditiv-einzelheitliche, visuell-ganzheitliche* und *semantische* Verarbeitungsprozesse ihren Anteil haben. Ein neues Wort kann, wenn sein Sinn klar ist und wenn es kurz genug ist, so oder so behalten werden. Je besser es allerdings im Gedächtnis vernetzt wird, um so nachhaltiger wird es behalten.

Vergleichen wir einmal ein konsequent-systematisch aufbauendes Verfahren, in dem jedes neue Wort synthetisiert werden kann, mit einem integrativen Verfahren, in dem einzelheitliche und ganzheitliche Prozesse ständig miteinander verbunden werden.

Auf den ersten Seiten einer durchsystematisierten Fibel (Jens Hinrichs: Bunte Fibel, Hannover: Schroedel Schulbuchverlag 1990) kommen fast nur dialogische Texte vor, in denen die Fibelfiguren einander etwas zurufen: S. 4: *„Fu.“* S. 5: *„Fara.“* S. 6: *Fara ruft: „Fu!“ Fu ruft: „Fara!“* S. 7: *Uta ruft: „Fara!“* S. 8: *Uta ruft: „Olaf!“ Olaf ruft: „Uta . . . rot!“* S. 9: *Uta malt Mama. Olaf ruft: „Uta, toll!“ Olaf malt Fara.* S. 10: *Uta holt Halfa. „Uta, toll!“ „Hallo, Uta!“ „Uta hat Mut.“* S. 11: *Uta ruft: . . . Ralf ruft: . . . Fu ruft: . . .* S. 12: *Uta holt Luft . . . Ralf ruft: „Uta hat Mut!“ Mama ruft: „Hallo, Olaf!“ Olaf holt Luft.* S. 13: *Ira ruft: „Uta, halt mal, hilf mir!“ Uta hilft Ira.*

Eine Fibel, die ganzheitliche Wörter in ihre Texte einbezieht, kann natürlich mit anderen Texten arbeiten (Wolfgang Menzel u. a., Die Fibel, Braunschweig: Westermann Schulbuchverlag 1986): S. 1: *Toni malt Fine. Fine malt Toni.* S. 5: *auf dem Foto ist Fine / auf dem Foto ist Toni.* S. 7: *Toni malt ein (Zebra) / Nino malt (Autos) / Fine malt ein (Zebra) in ein (Auto) von Nino.* S. 8: *das Tor ist rot / das T. . . ist rot / das N. . .* S. 9: *Fine und Berti spielen Boot. Das Boot ist rot.* S. 10: *Toni malt Fine. Toni malt ein Tor. Toni malt Berti in ein Tor. Fine ruft: Tor.* S. 12: *Nino macht ein Foto von Enten.*

Auf den ersten 13 Textseiten vermittelt die erste Fibel rund 20 Wörter, die allesamt synthetisiert werden können. Die zweite Fibel stellt ihren Lesern ebenfalls 20 Synthesewörter zur Verfügung, darüber hinaus aber etwa noch einmal so viele, die ganzheitlich vermittelt werden und vielfältigere Texte ermöglichen (vgl. Abb. 37, 38).

Auf diese Weise bekommen die Kin-

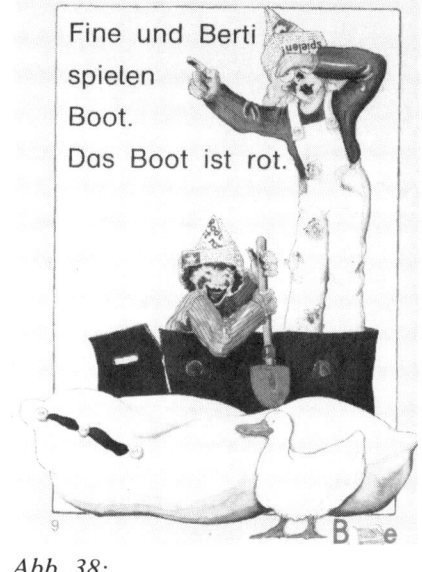

Abb. 37: Konsequent systematischer Leselehrgang

Abb. 38: Integratives Leselernverfahren

der schon früh Kurztexte zu lesen, die für die schriftsprachliche Kommunikation (und nicht nur für den mündlichen Sprachgebrauch) genutzt werden können: zum Umerzählen, Weitererzählen in eigenen kleinen geschriebenen Texten. Wirklich gelesen werden können auf einer solchen Seite die Wörter *Fine, Berti, Boot, rot*. Ganzheitlich eingeführt oder aus früheren Einheiten wiederholt werden die anderen Wörter: *spielen, und, das, ist*, wobei darauf hingewiesen werden muß, daß auch in diesen Wörtern einzelne Buchstaben, an denen sich die Leser orientieren können, bereits bekannt sind: **spielen, und, ist**. Ohne graphematische Stütze, völlig ganzheitlich also im Sinne der früheren Ganzheitstheorie, nach welcher eine große Anzahl Wörter ohne jede Buchstabenanalyse vermittelt wurde, wird in diesem Verfahren bis auf wenige Ausnahmen kaum ein Wort angeboten.

„Steilheitsgrad" und „Schlüsselwörter"

Eine Fibel, die Wörter auch ganzheitlich, also als noch nicht zu synthetisierende, anbietet, wird immer nach dem sogenannten „Steilheitsgrad" befragt. Der „Steilheitsgrad" ist die Progression der ganzheitlich eingeführten *Neu*wörter durch den gesamten Leselehrgang hindurch: Wie viele Wörter also werden auf wie vielen Seiten neu eingeführt? Die Anzahl der analysierten und synthetisierten Wörter, die die Kinder wirklich auf einer Seite zu „erlesen" lernen, bleibt davon unberührt.

Im Lehrgang „Die Fibel" werden außer den Synthesewörtern auch ganzheitliche Wörter eingeführt, mitgenommen und ständig wiederholt. Zu Beginn des Lehrgangs ist der Steilheitsgrad noch niedrig: Auf den ersten 10 Seiten sind es 8 Wörter. Dann steigt er etwas an: Auf den nächsten 10 Seiten sind es weitere 10 Wörter. Seinen Höhepunkt erreicht der Steilheitsgrad zwischen Seite 20 und 30: Hier sind es weitere 20 Wörter. Dann nimmt der Steilheitsgrad wieder stetig ab: von Seite 31–40: 17 Wörter; von Seite 41–50: 11 Wörter; von Seite 51–60: 5 Wörter. Insgesamt werden auf 60 Seiten 71 ganzheitlich zu erfassende Neuwörter eingeführt; das entspricht einem Steilheitsgrad von 1,2 (also im Durchschnitt 1,2 Wörter pro Seite).

Es sei aber hinzugefügt, daß der Begriff „Steilheitsgrad" zur Analyse ganzheitlicher Lehrgänge (früher) diente, weswegen ihn selbst *Ruth Gümbel* für ihre Untersuchungen heutiger Lehrwerke als unbrauchbar zurückweist. Es ist auch für „Die Fibel" ein nicht angemessener Begriff, da ja selbst die ganzheitlich eingeführten Wörter von Anbeginn an teilweise „erlesen" werden können; denn immer sind Einzelbuchstaben eines solchen Neuwortes schon bekannt, und, je weiter man fortschreitet, um so weniger Buchstaben sind selbst bei einem noch ganzheitlich eingeführten Neuwort unbekannt. So ist z. B. das Wort *Ampel* auf Seite 32 ein sogenanntes „ganzheitlich" eingeführtes Wort — und es zählt also zu den Wörtern, die den Steilheitsgrad mitbestimmen, obwohl in diesem Wort die Buchstaben *A, p, e, l* bereits bekannt sind. Es handelt sich also gar nicht um ein wirklich *nur* ganzheitlich zu speicherndes Wortschema. „Steilheitsgrad" bedeu-

tete aber früher: die Progression der *ausschließlich* ganzheitlich zu speichernden Wortschemata — ohne jede Buchstabenkenntnis!

Der Begriff „Schlüsselwort" wird vielfältig verwendet. Zwei Gebrauchsweisen sind klar zu unterscheiden:

1. Schlüsselwörter sind jene Wörter, die für das Lesenlernen bei dem einzelnen Kind oder in der einzelnen Schulklasse von besonderer Bedeutung sind — und an denen sie deswegen das Lesen erlernen *wollen*. Es handelt sich dabei also um emotionsträchtige, situativ bestimmte „Erschließungswörter" für das Lesenlernen. — In diesem Sinne spielen die Schlüsselwörter in allen Fibeln eine wichtige Rolle. Sie sind auf jeder Seite vorhanden und werden in den Lehrerbänden als wichtige Wörter aufgeführt.

2. Es werden aber auch jene Wörter „Schlüsselwörter" genannt, die durch ihren Anfangslaut einen bestimmten Laut/Buchstaben „erschließen" helfen: *A: Affe, B: Ball, C: Clown* usf. — oder die als Wörter zur Erschließung des Buchstabenaufbaus herausgehoben werden (oft unten auf der Fibelseite oder als Synthesewörter im Lehrerband).

Schlüsselwörter enthält also jeder Leselehrgang; sie werden nur nicht immer so genannt, da die Bedeutung dieses Begriffs zu unklar ist.

Grundlegende Fähigkeiten

Analyse

Was in einem ersten Schuljahr gelernt werden muß, ist kompliziert. Es mit einfachen Worten zu beschreiben, ist nicht weniger schwierig. Beginnen wir mit einem Beispiel: Irgendwann soll das Wort *Katze* gelesen werden können. Wie gelangt man dahin? Es wäre möglich, dieses Wort, nachdem man gesagt bekommen hat, daß es „Katze" heißt, sich zunächst an auffälligen Merkmalen einzuprägen, vielleicht an der Struktur der Oberlängen oder des Mittelbandes − und es sich als ganzheitliches Schema zu merken. So lehrten wir früher mit Hilfe der Ganzheitsmethode etwa 80 Wörter, und die meisten von ihnen konnten tatsächlich behalten werden. Doch den gesamten Wortbestand von Tausenden von Wörtern so zu vermitteln, das wäre angesichts unserer Buchstabenschrift unökonomisch und würde unser Gedächtnis heillos überlasten. Schließlich haben wir Einzelbuchstaben, die sich, wenn auch nicht eindeutig, so doch prinzipiell, auf die Laute beziehen, aus denen ein Wort zusammengesetzt ist. Also bringen wir den Kindern die Buchstaben bei, aus denen *Katze* gebildet wird. Damit machen wir es ihnen grundsätzlich möglich, dieses Wort, auch wenn es noch nie gesehen worden ist, lautlich zusammenzusetzen: $K + a + t + z + e$.

Doch dieses Beispiel zeigt schon recht deutlich, daß die Beziehungen der Buchstaben zu den Lauten problematisch sind. Schließlich könnte sich diese Buchstabenkombination durch Synthese nicht in jedem Falle zu einem bekannten Wort zusammenfügen, wenn man etwa läse: */kaatezee/* statt */ katse/*, wie es ja mit seinen beiden kurzen Vokalen und seinem ts-Laut gesprochen werden muß. Laute korrespondieren eben nicht vollkommen den Buchstaben, und ihre Kombination ergibt in den meisten Fällen noch nicht das Wort.

Außerdem ist einem Kind, das die Wörter seines vorschulischen Wortschatzes sprechen kann, überhaupt nicht bewußt, daß diese sich aus Elementen wie Lauten zusammensetzen. Gesprochen ist ein Wort eine Einheit. Erst das geschriebene Wort wird als eine Zusammensetzung aus kleineren Teilen bewußt − und muß als solche bewußt gemacht werden. Das ist zunächst einmal das gänzlich Neue an der Sprache für Kinder im 1. Schuljahr.

Was sie also neu zu lernen hätten, ist die Korrespondenz von Lauten und Buchstaben. Das ist nun wiederum deswegen schwierig, weil ein Kind die Einzellaute etwas anders ausspricht als das andere. Nicht *Laute* sind es, die den Buchstaben korrespondieren, sondern gleichsam *Ideallaute* oder *Lautklassen*, also *Phoneme*. Und für diese stehen unserer Sprache Buchstaben zur Verfügung. Leider nicht ausreichend viele, und leider andererseits einige zu viel! Für den sch-Laut haben

48

wir keinen Einzelbuchstaben, sondern benötigen gleich drei, und für den ks-Laut haben wir nicht einen Buchstaben, sondern mit *ks, chs, cks, x* vier verschiedene Kombinationen. Unser Alphabet umfaßt 30 Buchstaben (einschließlich *ä, ö, ü, ß*), doch unsere Hochlautung, also die vollkommene Ausspracheform, umfaßt 40 Phoneme. Auch Buchstaben und Phoneme stimmen nicht überein. Das wird bei Synthetisierungsprozessen, die bis in das 2. Schuljahr hineinreichen, immer wieder klar, wenn Kinder ein neues Wort zusammenfügen: /aach-seel/. Es kann eine Zeitlang dauern, bis sich das semantische Aha-Erlebnis von *Achsel* einstellt, und es stellt sich auch nur dann ein, wenn man das Wort kennt.

Trotz aller Probleme, die die sogenannte Phonem-Graphem-Korrespondenz (die wir unrichtig, aber einfacher „Laut-Buchstaben-Zuordnung" nennen) beinhaltet, müssen Buchstaben als Repräsentanten von Lauten gelernt werden. Und es ist das erste, was wir den Kindern durch Buchstabenausgliederung (Analyse) beibringen: dieses *o* wird /o:/ gesprochen. Wir tun gut daran, diese Analysen zunächst an besonders „klangvollen" Lauten vorzunehmen wie etwa /o/, /i/, /n/ usf. − und an Wörtern, in denen die Buchstaben tatsächlich den Lauten entsprechen, die also, wie man sagt, „lautrein" sind, wie etwa an den Namen *Toni, Fu, Tina* oder an *Oma, Foto, Tore, malt, ruft* usf.

Da Zweck einer solchen Analyse die Zuordnung von Lauten und Buchstaben ist, ist sie notwendigerweise auf Hörbares und Sichtbares bezogen, ist visuell und auditiv. Wir lehren die Laute hören, wiedererkennen und unterscheiden in Wörtern, die wir sprechen;

wir lehren sie sehen, identifizieren und diskriminieren in Wörtern, die wir lesen; wir lehren sie außerdem schreiben, vor allem zur Stützung und Festigung beider Prozesse. Was motorisch gespeichert wird, macht visuell und auditiv Gespeichertes behaltbarer.

Problematischer ist die Analyse jener Buchstaben, die mehrere Laute repräsentieren: das *e* steht für ein langes, geschlossenes /e:/ in *lebt*, für ein kurzes offenes /ä/ in *Ente*, für ein langes, offenes /ä:/ in *Meer* und ein kurzes, geschlossenes /e/ am Ende von *malte*. Die visuelle Analyse ist leicht, die auditive recht schwer. Manche Methodiker lehren die Kinder hier schon sogleich zwischen kurzem und langem Vokal zu unterscheiden, manche vermeiden es. Manche führen die Buchstaben *E/e* an Wörtern wie *Ente* ein, in denen das *e* in der am häufigsten vorkommenden, offenen Form gesprochen wird; andere führen es in der „auffälligeren" Ausspracheform ein wie in *Esel*. Wie man es auch immer macht − Tatsache ist, daß wir es hierbei mit einem besonders auffälligen Phänomen zu tun haben, das im Grunde aber fast alle Vokale und Konsonanten betrifft: die Zuordnung von Lauten und Buchstaben ist nicht eineindeutig. Immer gibt es lange und kurze Vokale, oftmals stimmhafte und stimmlose Konsonanten. Unsere Schriftsprache ist nicht allein über die Phonem-Graphem-Korrespondenz zu erlernen. Doch dazu später.

Analyse-Übungen gibt es in Fibeln auf visueller und auditiver Ebene: Erkennen von Buchstaben in geschriebenen Wörtern, in unterschiedlicher Typographie; Heraushören von Lauten in gesprochenen Wörtern als Anlaut, Endlaut oder Laut in der Wortmitte:

Abb. 39: Akustische Analyse und Diskrimination

Abb. 41:
Optische Analyse und Diskrimination

Abb. 40:
Bestimmung der Lautstellung

Ankreuzen, Einkreisen, Zuordnen, Schreiben usf. Die Abbildungen 39 bis 41 stellen einige der bekanntesten Beispiele dar (aus: Die Fibel, Braunschweig: Westermann 1986).

Synthese

Befassen wir uns nun mit dem zweiten notwendigen Prozeß des Schriftspracherwerbs: der Synthese. Unter „Synthese" versteht man das Zusammenfügen von bereits erlernten Buchstaben zu Wörtern. Haben die Kinder etwa das *o, t, f* und *r* in Groß- und Kleinbuchstaben gelernt, können sie daraus vorher noch nicht gelesene Wörter wie *rot, tot, Foto, Toto, Tor, Otto* zusammenfügen (synthetisieren). Syntheseübungen sind notwendig, da die Lernenden bei jedem Neuwort zunächst auf ein solches „Zusammenlesen" angewiesen sind. Selbst wir als Erwachsene sind es noch hin und wieder, wenn uns das neue Wort *Fangefolge* begegnet, das womöglich noch dazu am Ende der Zeile getrennt ist. Wir sprechen es dann synthetisierend vor uns hin und bemerken vielleicht erst nach einiger Zeit, daß es aus dem Fremdwort *Fan-* und *-gefolge* zusammengesetzt ist.

Synthese-Übungen sollten verhindern, daß ein Wort ganzheitlich gelesen werden kann; denn nur dann, wenn die Kinder nicht schon gespeicherte Schemata abrufen oder womöglich nur aufgrund von Ähnlichkeit erraten, können wir garantieren, daß sie tatsächlich synthetisieren. Das ist aber nun für jede Darstellung in einem Buch, in dem ja die Wörter immer optisch vorgegeben werden müssen, ein Problem; und die Methodiker haben sich seit langem darum bemüht, Übungen zu entwickeln, in denen das „fertige" Wort nicht sogleich als Ganzes erfaßt werden kann. Da Synthese eine Zusammensetzungsoperation ist, hat man Übungen geschaffen, die zu visuell-auditiven Handlungen und vor allem zum „Zusammenschleifen", also der lautverbindenden Artikulation, auffordern: Wortaufbau- und -abbauübungen; Wortbildungs„maschinen" und Leseautos, bei denen durch Verschieben von Wortstreifen oder Drehen an Rädern aus den Buchstaben Wörter zusammengesetzt werden (Abb. 3, S. 10); Bild-Buchstaben-Kombinationen, Gummibandwörter und „Kreuzworträtsel", die zum Zusammenfügen von Buchstaben zu Wörtern auffordern; Leporellos und Klapptafeln, bei denen die Wörter aus Buchstaben oder Silben oder anderen Wortbestandteilen durch Knicken und Umklappen entstehen (vgl. Abb. 42 bis 55; aus Übungsteil, Lehrerband und Fibelkoffer zu: Die Fibel, Braunschweig: Westermann 1986).

Eine besondere Aufgabe besteht bei der Synthese darin, auch Phantasiewörter zu bilden: „Wörter", die aus den bereits erlernten Buchstaben bestehen, etwa *tro, trot, tort, oto, oro, trrrr, rrrt* neben *rot, ort, tor, otto, tot, toto* usf. aus den drei Buchstaben *t, r, o.*

Abb. 42: Wörter einkreisen

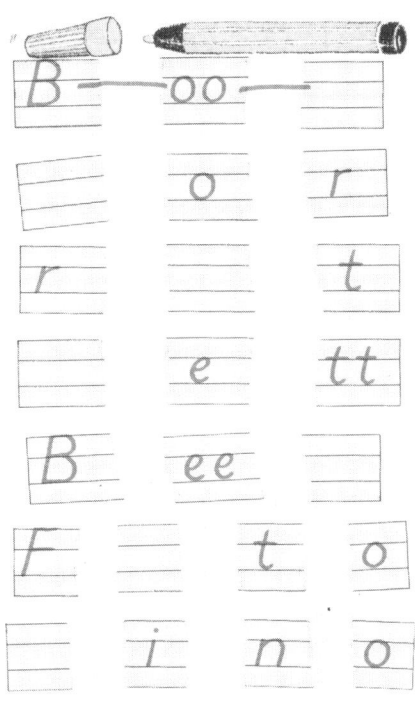

Abb. 43: Wörter zusammensetzen

51

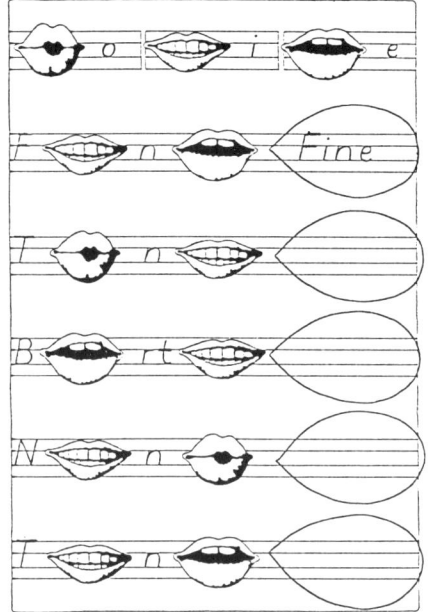

Abb. 44: Wörter sprechen und
schreiben

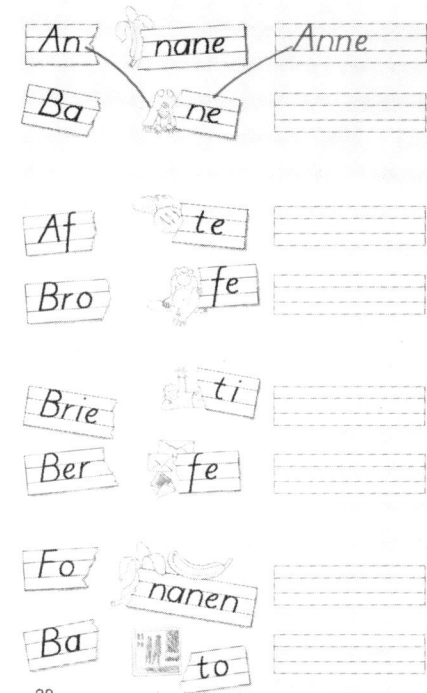

38

Abb. 45: Wörter zusammenfügen und
schreiben

Phantasiewörter *müssen* nämlich synthetisiert werden, da man sie nicht als Schemata aus dem Gedächtnis abrufen kann. Außerdem bereitet hier das Synthetisieren ein besonderes Vergnügen.

Und letztlich ist für das Synthetisieren das Schreiben von besonderer Wichtigkeit; denn Schreiben ist *der* Synthetisierungsvorgang schlechthin; Buchstabe muß an Buchstabe gefügt werden, ehe das Wort fertig ist — ein verzögerter Syntheseprozeß, der sich mit „innerem" Sprechen stets verbindet. Auch aus diesem Grunde ist eine Verbindung von Lesen- und Schreibenlernen von Bedeutung für den Gesamtvorgang des Schriftspracherwerbs.

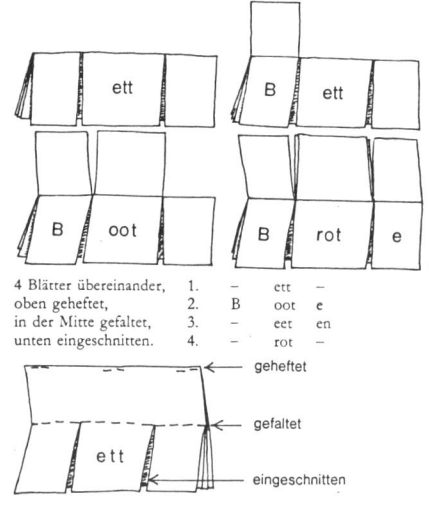

Abb. 46: Klapptafel

52

B	e	e	t

B	r	o	t

geklebt ↓

B	e	e	t

2 Streifen übereinander
(zugeklappt)

B	e	r	t

B	o	o	t

← geklebt

r	r	B	o	o	t

(aufgeklappt)

Abb. 47: Leporello

Abb. 48: Lesekino

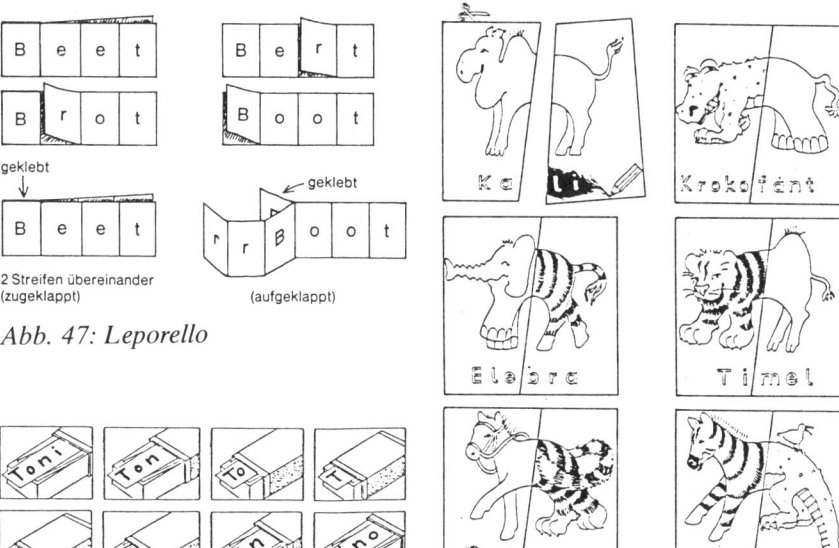

Abb. 50: Wörter zusammensetzen

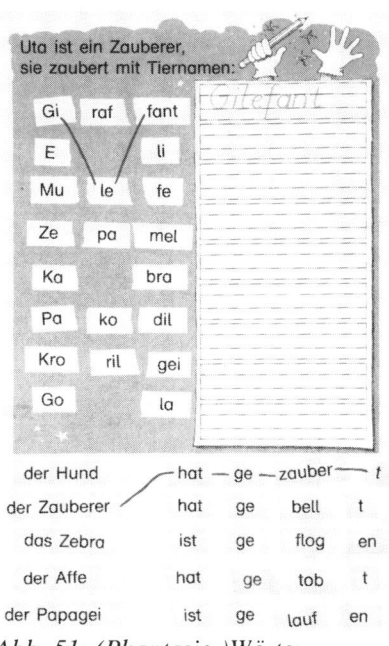

Abb. 49: Wörter bilden durch Buchstabenergänzung

Abb. 51: (Phantasie-)Wörter zusammensetzen

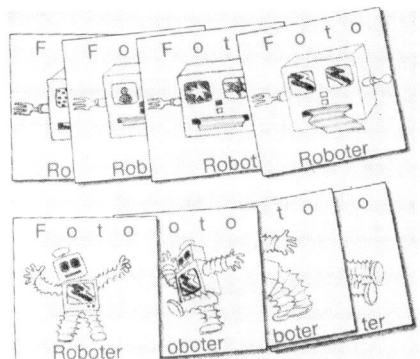

Abb. 52: Wortaufbau und -abbau

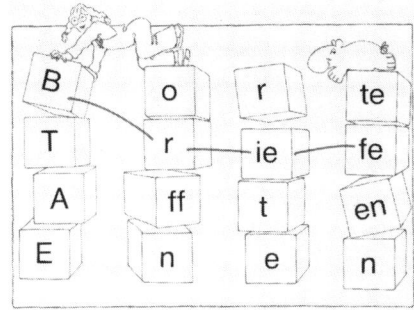

Abb. 55: Wörter zusammensetzen

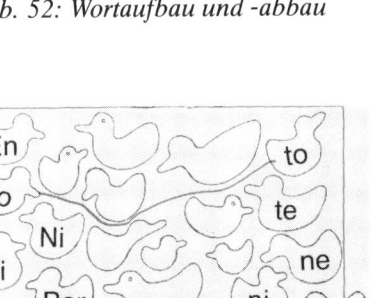

Abb. 53: Gummibandlesen

Abb. 54: Wörter ergänzen

Speicherung von Schemata

Analyse-Synthese-Prozesse sind wegen der nicht vollkommenen Phonem-Graphem-Korrespondenz keine ausreichenden Vorgänge zum Erlernen der Schriftsprache. Alles läuft darauf hinaus, möglichst viele Schemata zu erlernen und so zu speichern, daß sie beim Lesen aus dem Gedächtnis abgerufen werden können. Solche „Schemata" (früher nannte man sie „Wortbilder") sind kleine Einheiten, von drei bis sechs Buchstaben wahrscheinlich, kurze Wörter, Morpheme oder Silben, die wir uns als Ganze merken können und aus denen wir im Vollzug des Lesens äußerst schnell die Wortganzen oder auch längere Wortbildungen gleichsam durch Wiedererkennen abrufen können. Wir synthetisieren als geübte Leser nicht mehr Buchstaben zu Wörtern, sondern fügen Schemata aneinander. Das genau ist mir an dem Beispiel, das ich vorn dargestellt habe, nicht vollkommen gelungen, da das Wort *Fangefolge* sich in meinem Gedächtnis zu dem bekanntteren Schema *Fang-ge-folg-e* aufgegliedert hatte, was aber nicht auf dem Papier stand. Also unterstellte ich der Zeitung einen Druckfehler: entweder müsse es heißen *Fang-ge-folg-e* oder *Fang-er-folg-e*, – ehe ich aus dem Kontext entnehmen konnte, daß in dem rätselhaften Gesamtgebilde das Schema *Fan-* verborgen war. Ich hatte nicht „buchstabiert", sondern „schematisiert".

Die Speicherung von Schemata muß also die Gliederungs- und Zusammensetzungsprozesse (Analyse und Synthese) beim Lesenlernen, und übrigens auch beim Erlernen der Rechtschreibung, worauf *G. Augst* immer wieder hingewiesen hat (z. B. Rechtschreibung und Rechtschreibunterricht. In: Der Deutschunterricht, Heft 6/1989), stets ergänzen. Ein Wort wie *Achsel* oder *herein* können wir überhaupt nur richtig lesen und schreiben lernen, wenn wir es als Ganzheit sprechen gehört und geschrieben gesehen haben; hörten wir diese Wörter nur, wäre *Achsel* auch schreibbar als *Axel, Aksel, Acksel* und *herein* als *herrein*. Und sähen wir sie nur, wären die beiden Wörter sprechbar auch als /a:ch-sel/ oder /ach-se:l/ und /he:rain/ oder /he:r-ain/ statt als /aksel/ und /herain/.

Ganzheitliches Speichern, im visuellen und im auditiven Gedächtnis, muß also die analytisch-synthetischen Vorgänge ergänzen, und es ist geradezu verfänglich, wenn man auf solche Prozesse nicht von Anbeginn an größten Wert legt; denn man vernachlässigt dann genau das, worauf der Gesamtprozeß doch wesentlich hinauslaufen soll. Die Speicherungen von Wortschemata sind im Hinblick auf einen erfolgreichen Lese- und Rechtschreiblehrgang genauso intensiv zu üben wie die Gliederungs- und Zusammensetzungsprozesse. Das aber vergessen analytisch-synthetische Lehrgänge oftmals. Ja, schon der Begriff, unter dem sie ihre Methode vorstellen, zeigt an, daß etwas nicht ganz verstanden wurde: denn ganzheitliche Lernprozesse sind eben nicht „analytisch". Die sogenannte „analytische Methode" hieß deswegen „analytisch", weil Buchstaben aus Wörtern (meist erst nach geraumer Zeit) ausgegliedert wurden – im Gegensatz zur „synthetischen" Methode, in der Buchstaben zu Wörtern zusammengesetzt wurden. Das Ganzheitsverfahren *begann* aber mit Wortschemata – und deswegen ganzheitlich. Mit der späteren Übernahme einer unzulänglichen Begrifflichkeit geriet so die Ganzheitsmethode fast in Vergessenheit. Kaum eine Fibel wagt es heute, noch-nicht-analysierbare Wörter als Schemata anzubieten. Und das ist falsch! Es verzögert den Leselernprozeß, trainiert die Speicherfähigkeit in zu geringem Maße – und macht die Bildung von anspruchsvolleren Texten am Anfang einer Fibel unmöglich.

Wenn nun aber, wie es im Lehrgang „Die Fibel" geschieht, Wortschemata neben den Synthesewörtern angeboten werden, so müssen diese eingeprägt und wiederholt werden, es sei denn, man benötigt sie nur hier und da für einen bestimmten Text. Zu diesem Zweck sind Übungen ganz anderer Art notwendig als für Analyse- und Syntheseprozesse (vgl. Abb. 56–60): das Wiedererkennen bestimmter Wörter in Wortreihen; Erkennungsmerkmals-Übungen mit Hilfe der „Roboterschrift", die auf die Gliederung der Wörter verweist; Dominos, Bingos, Memorys und ähnliche Spiele. Sie alle laufen vornehmlich auf visueller Ebene ab; denn Wortschemata sollen im visuellen Gedächtnis gespeichert werden, im auditiven sind sie ja längst gesichert, und im motorischen Gedächt-

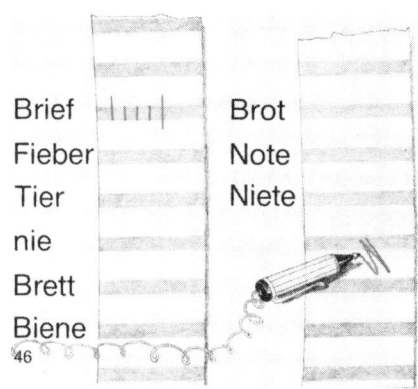

Brief |ıııı| Brot
Fieber Note
Tier Niete
nie
Brett
Biene
46

Abb. 56: Roboterschrift

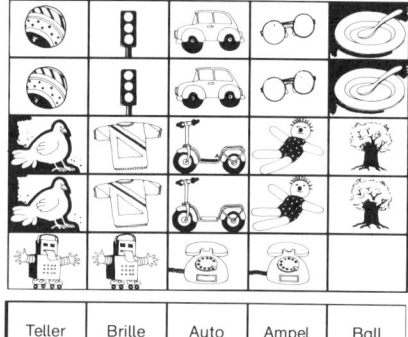

Abb. 59: Lotto- oder Memorykarten

	Ampel	Ball	Roller	Brille	Auto
	Auto	Roller	Ball	Puppe	Ampel
	Puppe	Brille	Affe	Ampel	Auto
	Roller	Affe	Ampel	Puppe	Brille
	Brille	Affe	Ampel	Auto	Ball
	Auto	Ball	Affe	Brille	Ampel
	Ampel	Roller	Brille	Puppe	Ball

Abb. 57: Wiedererkennen von Wörtern

Teller	Brille	Auto	Ampel	Ball
Teller	Brille	Auto	Ampel	Ball
Baum	Puppe	Roller	Pulli	Taube
Baum	Puppe	Roller	Pulli	Taube
	Telefon	Telefon	Roboter	Roboter

und	ein	ist	hat	und	von	bin	mir
auf	von	mit	im	hat	mit	an	aus
auch	an	bin	nur	oder	ein	ist	nicht
aus	oder	nicht	wir	wir	im	nur	auf
auf	und	auch	aus	nur	bin	auch	an
von	ein	an	oder	nicht	wir	oder	aus
mit	ist	bin	nicht	im	mit	auf	von
im	hat	nur	wir	ein	ist	hat	und

Abb. 58: Bingo

Treppe		Nagel	
Feder		Baum	
Elefant		Apfel	
Rock		Uhr	
Paket		Augen	
Löffel		Messer	

Heft		Ohr	
Dach		Eimer	
Katze		Zaun	
Gabel		Sessel	
Indianer		Schere	
Würfel		Hexe	

Abb. 60: Dominokarten

56

nis sind sie, da sie zunächst nicht geschrieben werden können, noch nicht unterzubringen. Also sehen, lesen, mit den Augen abtasten – und das immer wieder!

Nun ist noch einmal hervorzuheben, worauf vorn schon hingewiesen wurde, daß nämlich Wortschemata keine gänzlich rätselhaften optischen Gebilde sind – wie etwa die Wörter der arabischen oder hebräischen Schrift für uns Erwachsene, wenn wir diese nicht gelernt haben. Bis auf die ganzheitlichen Zeichen der allerersten Fibelseiten wie etwa *malt, spielt, ist, ich* usf. sind schon sehr bald in diesen Schemata auch Buchstaben zu identifizieren, so daß z. B. das Wortschema *von* schon sehr früh auch am *o* und *n* erkannt werden kann. Die Leserinnen und Leser können also auch ganzheitlich eingeführte Wörter nicht nur an undefinierbaren Merkmalen oder lediglich an Formeigentümlichkeiten erkennen, sondern eben auch schon an Einzelbuchstaben. Es gäbe also zum Nikolaustag keinen Grund, auf das Wort *Nikolaus* zu verzichten; denn wahrscheinlich sind bis dahin das *N, i, o, l* und vielleicht sogar auch das *au* schon bekannt. Und so betriebsblind und unmotiviert sind nur wenige Kinder, daß sie nicht aus *N-i-o-l-au* den Nikolaus herauslesen könnten und wollten. Doch selbst, wenn Kinder noch keinen einzigen Buchstaben kennten, würden sie sich an anderen als an Buchstabenmerkmalen gefühlsbetonte Wörter wie *Nikolaus* merken und sie in einem Textzusammenhang auch wiedererkennen. – Die Furcht vor Wörtern, deren Buchstaben noch nicht (alle) bekannt sind, ist bei Lehrerinnen und Lehrern weiter verbreitet als bei Kindern!

Schreiben und Lesen

Ausgangsschriften für das Lesenlernen

Ausgangsschrift für das Lesenlernen in den meisten der heute neu zugelassenen Fibeln ist eine unverbundene Druckschrift, eine sog. Gemischtantiqua. Alle Länder der Bundesrepublik empfehlen diese Schrift für Leselehrgänge, einige Bundesländer fordern sie sogar. Angesichts der Tatsache, daß seit Jahrhunderten alles, was in Büchern zu lesen ist, und daß heute nahezu alles, was uns in unserer Umgebung als Schrift entgegentritt, in unverbundenen Buchstaben gedruckt ist, erscheint es uns als selbstverständlich, daß wir auch den Leselernprozeß mit einer solchen Schrift beginnen.

Doch das war nicht immer so. Weil Leselehrgänge immer auch zum Schreiben hinführten, gab es stets Diskussionen darüber, ob nicht, da erwachsene Schreiber doch mehrere Buchstaben im raschen Schreibvollzug verbinden oder gar ganze Wörter „in einem Zuge" schreiben, auch die Leseschrift dieser Tatsache Rechnung tragen müsse. So erschienen schon in früheren Jahrhunderten hier und da auch Fibeln, die vom Diktat der verbundenen Schreibschrift bestimmt waren; und im Zuge der Ganzheitstheorie wurde sogar die Mehrzahl der Fibeln in verbundener Schreibschrift „gedruckt". Ja, gedruckt! Denn natürlich wurde dafür eine druckbare Typographie entwickelt. Ich betone das deswegen, um schon hier darauf hinzuweisen, daß alles von Maschinen auf Druckbögen Übertragene, ob es aus unverbundenen oder verbundenen Buchstaben besteht, natürlich mit Maschinen gesetzt und gedruckt ist und daß andererseits alles, was von Hand auf das Papier gebracht wird, geschrieben ist — und eben nicht gedruckt. Wir können, so betrachtet, mit der Hand und einem Schreibgerät wie einem Stift oder Füllhalter nicht *drucken*, sondern nur *schreiben*: in verbundener oder unverbundener Schrift. Die erstere haben wir uns angewöhnt „Schreibschrift" zu nennen, die letztere „Druckschrift", was nur der jeweiligen Vorlage, nicht aber dem Schreibvollzug selbst entspricht.

Was die *Lesbarkeit* betrifft, gilt: unverbundene Schriften mit schnörkellosen Buchstaben sind besser lesbar als verbundene Schriften, wie man indessen aus empirischen Untersuchungen weiß (siehe hierzu die Zusammenfassungen bei Jakob Muth, Ausgangsschrift im Erstleseunterricht. In: Die

Grundschule, Heft 1/1967; Wilhelm Topsch, Lesenlernen. Erstleseunterricht, Bochum: Kamp 1979). Die Gemischtantiqua, also eine Druckschrift aus Groß- und Kleinbuchstaben mit gut gegliederten Ober- und Unterlängen ist dabei einer Druckschrift in Versalien (Großbuchstaben), deren Struktur aufgrund der gleichen Größe der Buchstaben weniger gut gegliedert ist, überlegen. Man kann sich diese Tatsache aber auch selbst plausibel machen, indem man z. B. einmal die Lesezeit mißt, die man zum Lesen von einigen Versen in verbundener und unverbundener Spiegelschrift braucht (siehe Kopiervorlage, S. 59, auch für die Elternarbeit geeignet). Hier sind wir selbst noch einmal, da wir die Wortschemata nicht aus dem Gedächtnis abrufen können, auf das Synthetisieren angewiesen — wie die Kinder beim Erlernen der Schrift. Wir erfahren: die unverbunden geschriebenen Wörter sind rascher zu entschlüsseln als die verbundenen in lateinischer und vereinfachter Ausgangsschrift. An einem Experiment mit Phantasiebuchstaben (siehe Seite 85 ff.) habe ich vielfach nachgewiesen, daß man das Lesen dieser unbekannten Schrift mit unverbundenen Buchstaben rascher erlernt als mit verbundenen; man kann sich selbst davon überzeugen. — Straßen- und Autobahnschilder, Reklameschriften: alle begegnen uns in unverbundener Druckschrift, da sie ja aus der Entfernung rasch (und also oftmals synthetisierend) gelesen werden müssen. Auch der Buchdruck hat sich nie für verbundene Schriften entschieden, obwohl das leicht möglich gewesen wäre, weil ganz offensichtlich unverbundene Schriften rascher dekodierbar sind. Und wir selbst: wenn wir deutlich lesbar schreiben, auf Briefumschlägen, in

A a a,
der erste Schnee ist da.
Wir holen unsren Schlitten raus
und gehn zum Rodelberg hinaus.
A a a,
der erste Schnee ist da.

A A A,
DER WINTER IST NUN DA.
WIR GEHEN EINEN SCHNEEMANN BAUEN.
ODER WERDEN ES SCHNEEFRAUEN?
A A A,
DER WINTER IST NUN DA.

O o o,
wir Kinder, wir sind froh.
Wir tragen warme Socken,
vom Himmel fallen Flocken.
O o o,
wir Kinder, wir sind froh.

E e e,
wir fahren in dem Schnee.
Wir lassen uns nicht bitten,
wir fahren mit dem Schlitten.
E e e,
wir fahren in dem Schnee.

Lesen Sie diese Verse möglichst schnell vor!
Messen Sie die Zeit, die Sie für jeden Vers benötigen!

Formularen usf., benutzen zumeist eine unverbundene Schrift. Wir verhalten uns also durchaus leserangemessen. Aber wir erwarten ein solches Verhalten noch längst nicht alle vom lernenden Kind, das weit größere Schwierigkeiten hat mit dem Entziffern von Schriften als wir als geübte Leser.

Auf der Basis dieser Erkenntnis gibt es heute fast nur noch Fibeln in unverbundener Schrift. Doch das Schreiben wird noch vielfach in verbundenen Schriften, in lateinischer oder vereinfachter Ausgangsschrift (LA oder VA), gelernt. Auf diese Weise sind Lese- und Schreiblehrgang zu Beginn nur schwer zu koordinieren; denn man muß den Kindern zwei verschiedene Schriftarten beibringen. Aus diesem Grunde vor allem empfehlen heute viele Richtlinien, das Schreiben mit der unverbundenen „Druckschrift" zu beginnen.

Doch dieser Grund ist nicht hinreichend. Wenn es richtig ist, und daran ist, wie wir gezeigt haben, nicht zu zweifeln, daß unverbundene Schriften besser lesbar sind als verbundene, so wäre es eigentlich schon aus diesem Grunde notwendig, den Kindern im Anfangsunterricht die besser lesbare Schrift beizubringen — vorausgesetzt, daß sie nicht schwerer schreibbar ist. Wie aber ist es damit bestellt? Betrachten wir einmal vorbehaltlos die für das Schreiben heute zur Verfügung stehenden Schriften: lateinische und vereinfachte Ausgangsschrift!

Ausgangsschriften für das Schreibenlernen

Die lateinische Kurrentschrift (18. Jahrhundert), die sich aus den Rundschriften holländischer und französischer Schreibmeister (17. Jahrhundert) entwickelt hatte, betonte in hohem Maße das Prinzip der Verbundenheit (Auslauf- und Übergangsstriche, Einzügigkeit des Strichs). Unsere heutige Schulschrift, die lateinische Ausgangsschrift (Abb. 61), hat jene Schriften zum Vorbild. Dabei wurden

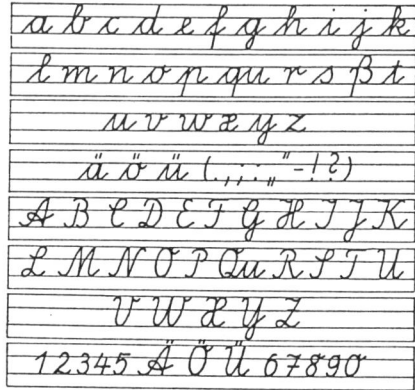

Abb. 61: Lateinische Ausgangsschrift

die weitausholenden, ornamentalen Anlaufstriche stark reduziert (wenn auch nicht völlig ausgemerzt, wie man an den Wellen- und Flammenlinien vieler Großbuchstaben noch erkennen kann), andererseits wurden die Verbindungsstriche nun konsequent zu Ende geführt, so daß, anders als in den Rundschriften des 17./18. Jahrhunderts, wo der Einzelbuchstabe noch einen höheren Selbständigkeitsgrad besaß, heute ein Wort wie *lachen* in einem einzigen ununterbrochenen Zuge geschrieben werden kann.

Es ist sehr interessant zu verfolgen, wie ein ästhetisches Prinzip (Linienschwung) von gestaltpsychologischen Vorstellungen (Gestalteinheit des Wortes) okkupiert und deren Idee unterworfen wurde. Führende Schreibzieher sehen noch heute darin auch ein bewegungsphysiologisches Prinzip verwirklicht (verbundenes Schreiben). Im Zuge des ganzheitlichen Leseunterrichts wurden dann sogar die Ausgangsschriften für das Lesenlernen diesem Prinzipien-Konglomerat unterworfen; die eindeutig schwerer lesbare lateinische Ausgangsschrift war zur Fibelschrift geworden. Davon ist man seit einigen Jahren – mit wenigen Ausnahmen – glücklicherweise wieder abgekommen. Daß es aber ästhetische, gestaltpsychologische und (unbewiesene) bewegungsphysiologische Gründe waren, die zur lateinischen Ausgangsschrift als erster Schreibschrift geführt haben, ist fast vergessen worden. Viele Lehrer halten sie schlechtweg für die einzig „richtige" Ausgangsschrift. Gegen ästhetische Auffassungen kann man nur ins Feld führen, daß sie sich wandeln. Gegen den Ganzheitsgedanken insbesondere im Erstunterricht des Lesens und Schreibens sind in den letzten Jahren viele Argumente in die Diskussion gekommen; wir brauchen sie hier nicht zu wiederholen. Schreiben jedenfalls ist ein Synthetisierungsprozeß. Daß die lateinische Ausgangsschrift bewegungsphysiologische Probleme darstellt, hat insbesondere Grünewald (Heinrich Grünewald, Schrift als Bewegung, Weinheim: Beltz 1970) mit seinen Untersuchungen belegt. Der Zwang zum einzügigen, ununterbrochenen Schreiben führt zu willkürlichen Absätzen selbst innerhalb von Einzelbuchstaben und stellt eine Gefahr für das Rechtschreiben dar.

Kurzum: die lateinische Ausgangsschrift ist zugleich eine schwerer lesbare und eine bewegungsinadäquate Schrift. Sie erschwert das Erlernen der Rechtschreibung, weil sie – im Vollzug – der Innervation der Einzelbuchstaben und der Buchstabenfolge im Wort im Wege steht. Sie verhindert aber auch – und erleichtert nicht etwa, wie vielfach angenommen wird – das geschwindere Schreiben, wie *Weinert* u. a. nachgewiesen haben (Franz Weinert u. a., Schreibmethode und Schreibentwicklung, Weinheim: Beltz 1966). Daß sie zudem vielfach zu individuellen Entgleisungen und Fehlformen führt, lehrt die Erfahrung. Sie richtet eben in zu geringem Maße die Aufmerksamkeit auf die präzise Form der Einzelbuchstaben. Eine vereinfachte Erstschrift ist aus diesen Gründen dringend geboten. Sollte es aber die vereinfachte Ausgangsschrift (Abb. 62) sein?

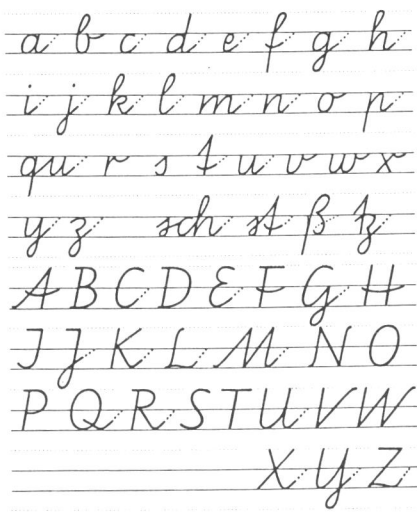

Abb. 62:
Vereinfachte Ausgangsschrift

Die Vorzüge gegenüber der lateinischen Ausgangsschrift sind zwar unbestreitbar:
- die Vereinfachung der Großbuchstaben;
- die Reduzierung von „Drehrichtungswechseln" und die Befreiung von „Deckstrichen";
- Übergangsstriche am Ende der Buchstaben statt „Anstriche";
- die „Luftsprünge" zwischen vielen Buchstaben;
- die bessere Gegliedertheit und damit Lesbarkeit der Schrift insgesamt.

Aber es bleibt doch dabei, daß die Kinder schon zu Beginn des Schreiblehrgangs eine verbundene Schrift lernen müssen, deren Einzelbuchstaben auf recht aufwendige Weise denjenigen der Druckschrift, mit der sie lesen lernen, zugeordnet werden müssen. Das Grundprinzip der Verbundenheit von Anbeginn an wird aufrechterhalten, und damit muß die Aufmerksamkeit der Schüler weiterhin auf etwas so Kompliziertes wie die Buchstabenverbindungen gerichtet werden. Gegen die Einzelbuchstaben dieser Schrift ist wenig einzuwenden. Es wäre nur eine noch klarere Reduktion auf das Relevante des Buchstabens wünschenswert: weniger ausfahrende (und auf Verbindung angelegte) Buchstabenabschlüsse und weniger auf konsequent einzügiges, ununterbrochenes Schreiben angelegte Schleifen.

Der Grundgedanke, eine für das Schreiben bessere Normschrift zu entwickeln, und die Grundprinzipien dieser Schrift verdienen Anerkennung. Daß man die vereinfachte Ausgangsschrift aber zu einer von Anbeginn an zu lehrenden Erstschrift statt zu einer Zielschrift erklärt hat, war meines Er-

achtens falsch. Auch sie ist schwerer lernbar und schlechter lesbar als eine unverbundene Schrift; auch sie erschwert die Integration von Lesen- und Schreibenlernen – und damit die schriftsprachliche Kommunikation im 1. Schuljahr. In anderen europäischen Ländern gibt es fast nur noch unverbundene Ausgangsschriften (Abb. 63).

Abb. 63: Schwedische und dänische Ausgangsschrift

In der Bundesrepublik steht indessen eine weitere verbundene Ausgangsschrift zur Debatte, die ‚Schulausgangsschrift' der fünf neuen Länder. Zur Analyse und Bewertung dieser Schrift siehe Seite 102.

Lateinische oder vereinfachte Ausgangsschrift?

Wir brauchten sie eigentlich beide nicht, nicht die LA und nicht die VA. Wir brauchten sie nicht als „Zielschriften", im Hinblick auf die unsere Schülerinnen und Schüler das Schreiben zu lernen hätten, und wir brauchten sie erst recht nicht als „Ausgangsschriften", an deren Normen sie das Schreiben erlernen. Als Ausgangsschrift ist die LA ohnehin in manchen Schulen abgelöst worden. Zu ihren vielseits bekannten Schwierigkeiten gehören: der umständliche Zierat vieler Großbuchstaben

$(\mathcal{G}, \mathcal{L}, \mathcal{A}, \mathcal{H})$,

die unnötigen Anstriche mit ihren Drehrichtungswechseln, die ganz überflüssige Hin- und Herbewegungen erfordern

(a, d, o),

ihre Deckstriche, die das Auf und Ab zu konsequenter Deckung bringen

(m, n, t),

die variierenden Buchstabenverbindungen (lo, ro, rt)

und die Tendenz, ein Wort, wo immer möglich, in einem Zuge zu schreiben

$(Gurkensalat)$,

was ohnehin die kleine Kinderhand noch nicht schafft und was der geübte Erwachsene dann oftmals durch mehrfache Unterbrechungen wieder auflöst, weil das Bedürfnis zum Absetzen gegen alle (Un-)Vernunft der LA eben doch besteht

$(Gurkensalat)$.

Hinzukommt die ihr innewohnende Gefahr zu Verschleifungen und Ausbuchtungen, sobald sich diese Schrift, spätestens im 4. Schuljahr, zu individualisieren beginnt. Wir kennen das alle:

$n, m, n, l, n.$

Diese Nachteile sind bekannt.

Die VA beginnt sich in manchem Bundesland durchzusetzen, als Ausgangsschrift von Anbeginn an oder als Zielschrift am Ende des 1. Schuljahres nach einem Vorlauf im Druckschreiben. Die VA vermeidet die meisten Mängel der LA. Ihre Großbuchstaben sind einfacher

(G, L, A, H),

die Kleinbuchstaben verzichten auf Anstrich und Drehrichtungswechsel

(a, d, o)

und auf die engen Deckstriche

(m, n).

Leichter lernbar ist diese Schrift, aber sie trifft auch auf Widerstände: sie laufe zu breit, sei unästhetisch, habe zumindest manche unschönen Einzelbuchstaben

$(r, 1, z, e)$

usf. Lehrende mögen sich hier und da nicht umgewöhnen, solange sie Wahlfreiheit haben. Lassen wir diese Argumente dahingestellt!

Auch diese Schrift bleibt eine verbundene Schrift und wird als solche gelehrt

(Gurkensalat),

was man hier an der Schleife des *s* besonders gut erkennt. Fürs Lesen bringt sie gegenüber der LA keine Vorteile; verbundene Schriften sind allesamt schlechter lesbar als unverbundene. Warum also überhaupt das verbundene Schreiben lernen?

Mancherorts, z. B. im gesamten Bundesland Bayern, und immer häufiger an vielen Schulen, wird als Ausgangsschrift die unverbundene Gemischtantiqua gewählt

(G, L, A, H, a, d, o, m, n, t, Gurkensalat),

oft mit gerade und steif aufgerichteten Buchstaben, oft auch schräggestellt und mit Auslaufstrichen, was dem Bewegungsvollzug besser entgegenkommt, denn rechtsgeneigtes Schreiben ist nun einmal für den Rechtshänder leichter als senkrechtes Schreiben.

Wenn man nun diese Druckschrift, die ja durchaus „geschriebene" Schrift ist − nur eben unverbunden −, lange genug geübt hat, am besten das ganze 1. Schuljahr hindurch, hat man beim Übergang zum verbundenen Schreiben kaum mehr Schwierigkeiten. Der Unterschied zwischen LA und VA wird um so unerheblicher, je später man mit einer der Normschriften beginnt. Einfacher bleibt die VA auch da ohne Zweifel. Doch von einem „Übergang" vom unverbundenen zum verbundenen Schreiben kann eigentlich nicht die Rede sein; denn beide Normschriften gehorchen Gesetzen, die nicht aus einem Übergang heraus gedacht sind. Übergang wäre:

Gurkensalat,

gelernt werden muß aber

Gurkensalat.

Ein anderes *G, k, e, s, t* − ob in LA oder VA! Und alle Verbindungen sind genormt: So und nur so und nicht anders!

Noch einmal: Ist das alles denn nötig? Müssen außer genormten Buchstaben auch noch genormte Verbindungen gelernt werden − zumal gerade diese später sich wieder individualisieren? − Die Geschichte der Schreiberziehung sagt: nein. Die Schreiberziehung in den meisten anderen Ländern Europas sagt: nein. Die Schreibforschung sagt mindestens: unnötig! Die Leseforschung sagt: unverbundene Schriften sind besser lesbar. Der vorbehaltlose Betrachter von Schriften, der Schreiber von Adressen, Ausfüller von Formularen sagt: immer, wenn etwas deutlich sein soll, bedienen wir uns der Druckschrift.

Seit vielen Jahren sammle ich Schriften von Kindern und Erwachsenen, auch aus anderen Ländern Europas (Abb. 64 und 65); ich führe Tests durch, spreche mit Lehrerinnen und Lehrern − und erfahre von jenen, die sich heute noch − oder wieder − im alltäglichen Schreiben einer weitgehend unverbundenen Schrift bedienen (siehe Beispiele!), daß diese ihnen beim raschen Schreiben nicht nur nicht hinderlich ist, sondern entgegenkommt. Man kann unverbunden so zügig und so geschwind, so individuell und so schön schreiben wie verbunden. Es ist eine Sache der Gewohnheit. Und jede Leserin, jeder Leser kann sich selbst da-

64

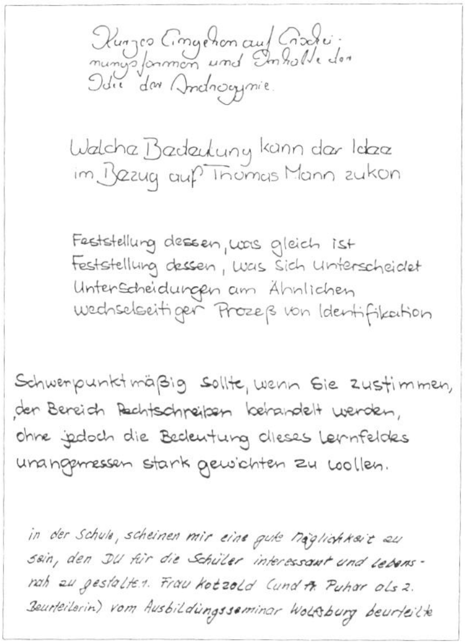

Abb. 64: Druckschriften Erwachsener

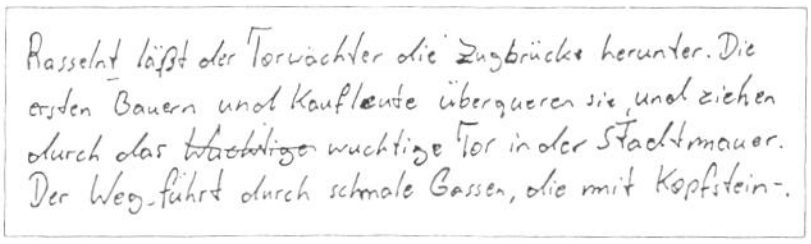

Abb. 65: Druckschrift eines schwachen (Recht-)Schreibers — 5. Schuljahr

von überzeugen, indem er oder sie einmal ein längeres oder selten geschriebenes Wort wie *Rhythmus* oder *Mantelsack*

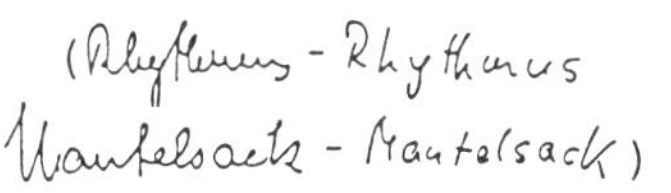

eine Minute lang unverbunden und dann verbunden schreibt — so schnell wie möglich. Man wird es, an verbundenes Schreiben gewöhnt, nur wenig häufiger verbunden als unverbunden schreiben. Immer wieder ist das überraschend. Und dennoch ist es erklärbar: Die Fingermuskulatur wird eben bei unverbundenem Schreiben in regelmäßigen Abständen entspannt — häufiger als bei verbundenem Schreiben. Deswegen schreiben wir längere Wörter ohnehin selten „in einem Zuge".

Geschwindigkeit ist also kein Argument für Verbundenheit. Lesbarkeit sogar eines dagegen. Individueller Duktus ist hier wie da möglich, wie unsere Beispiele zeigen. Und von der Form der Einzelbuchstaben bleibt bei Druckschreibern am Ende mehr an Präzision übrig als bei Schreibern, die einmal die LA oder die VA gelernt haben.

Das alles spricht für ein Umdenken in der Schreiberziehung, zumal es beim Erlernen des Schreibens auf Geschwindigkeit überhaupt noch nicht ankommt — statt dessen auf die regelmäßige Entspannung der Kleinmuskulatur. Besser wäre, wir ließen alle Kinder zu Beginn die unverbundene Schreib-Druckschrift erlernen. Ihre Buchstaben sind einfacher, reduziert auf das Wichtige, leichter schreibbar. Und dann ließen wir die Kinder die Buchstaben verbinden, hier und da, wo das Bedürfnis besteht — und so, wie sie wollen. Die Schriften, die dabei herauskämen, wären präziser, besser lesbar und wahrscheinlich fehlerfreier, da die Aufmerksamkeit stärker auf die Buchstabenfolge gerichtet wäre.

Doch alles das dürfen wir nach den Forderungen der Richtlinien (noch) nicht. Eine der Normschriften muß (ich sage: leider) gelernt werden. Daran ist, noch einmal sei es betont, lediglich falsch und für die Schriften von Nachteil, daß die Verbindungen selbst in ihrer Genormtheit gelernt werden müssen. Für die Norm der Einzelbuchstaben, ihre größtmögliche Genauigkeit, muß jeder Schreiberzieher sich einsetzen. Doch die wäre nirgend besser als mit der Druckschrift erfüllt.

Integration
von Lesenlernen und
Schreibenlernen

Besonders bedeutsam für den gesamten Schriftspracherwerb ist die Einbeziehung des schreibmotorischen Gedächtnisses. Deswegen ist dem *leseunterstützenden Schreiben* von Anbeginn an große Bedeutung beizumessen: dem Nachschreiben der analysierten Buchstaben und deren Integration in Wörter (als Schreibdrucken). Diese schreibmotorische Unterstützung des Lesens ist im Hinblick auf die Synthese von großer Wichtigkeit. Auch kann in einem kommunikativ angelegten Lese-Schreib-Lehrgang kaum auf diese Seite des Schriftspracherwerbs verzichtet werden; das erarbeitete Buchstaben-Wort-Material soll ja von Anbeginn an in Kommunikationsprozesse einbezogen werden: lesen, was der Partner geschrieben hat, etwas aufschreiben, um es dem Partner zum Lesen zu geben. Erst ein solches Verfahren, das sogleich schon das Schreiben in den Lernprozeß integriert, beteiligt alle Sinne, macht sich alle Gedächtnisstützen zunutze und weist über die bloße Auseinandersetzung des Schülers mit der Fibel hinaus.

Im Lese- und Schreiblehrgang „Die Fibel" wird jeder auditiv-visuell ausgegliederte Buchstabe auch schreibmotorisch erarbeitet — und damit im motorischen Gedächtnis zusätzlich verankert: Dabei werden, um Koordinationsprobleme zu vermeiden, im Übungsteil die Buchstabenformen des Textteils (also der Gemischtantiqua) verwendet, und zwar in leichter, natürlicher Rechtsneigung, um das Nachschreiben und den Übergang zur verbundenen Schrift zu erleichtern.

Ein dergestalt *integratives* Verfahren, das von Anfang an alle verschiedenen Operationen einbezieht, muß auf Kleinschrittigkeit angelegt sein. Analyse- und Syntheseaufgaben werden den gesamten Lehrgang hindurch wiederholt, so daß auch schwächere Leser die Möglichkeit der Festigung der entscheidenden Lernprozesse haben.

Für rascher voranschreitende Leser sind zur Differenzierung im Lehrerband Zusatztexte auf Kopiervorlagen zum selbständigen Lesen enthalten. Der Aufbau des Leselehrgangs vollzieht sich auch deswegen in recht kleinen Schritten, weil das Wort- und Buchstabenmaterial immer auch in Kommunikationsprozessen erarbeitet wird — und weil grundlegende orthographische Übungen und syntaktische Aufgaben (Umstellungen und Wortzusammensetzungen) bereits den späteren Unterricht in Rechtschreiben und Sprachreflexion vorbereiten sollen.

Wie wird nun das Schreiben selbst erlernt? Bereits mehrfach wurde darauf hingewiesen: Das Schreiben von unverbundenen Buchstaben, das Schreibdrucken also, ist bereits Schreiben. Es ist langsames, auf den Einzelbuchstaben und seine präzise Form gerichtetes Schreiben — und es ist einfacher als das Schreiben von verbundenen Buchstaben, bei dem die Schüler immer schon gleich auch auf die recht komplizierten Buchstabenverbindungen zu achten haben.

Viele Schüler bringen heute die Fähigkeit mit in die Schule, ihre Namen und manches mehr in Einzelbuchstaben (zumeist in Großbuchstaben) zu schreiben. Auf dieser Fähigkeit baut „Die Fibel" auf. Eine ihrer wichtigsten

Besonderheiten ist, daß in ihr das Schreiben — und zwar innerhalb des Leselehrgangs, und nicht getrennt von ihm — leseunterstützend eingesetzt wird. Wir wissen ja alle aus unserer Erfahrung: Was wir uns besonders gut merken wollen, das schreiben wir auf — nicht nur, um es fest auf dem Papier zu haben und wiederlesen zu können, auch um es in einem zweiten Gedächtniszentrum, außer dem Sehzentrum, ein weiteres Mal zu verankern. Nur lesen: das ist das halbe Lernen! Aber schreiben: das ist immer zugleich auch lesen. Zudem wird alles Geschriebene im schreibmotorischen Gedächtnis zusätzlich verankert — und also besser behaltbar gemacht. Und darin liegt der große Vorzug eines Anfangsunterrichts, der Lesen und Schreiben miteinander von Anbeginn an — und mit ein und derselben Schrift — verbindet.

Ein weiterer Vorzug ist, daß mit dem Schreiben der recht schwierige Prozeß des Synthetisierens unterstützt und gefestigt wird. Die wirksamste Form der Synthese ist ja das Schreiben: Buchstabe für Buchstabe wird zu Wörtern zusammengesetzt. Wir können gar nicht anders. Das Schreiben in Einzelbuchstaben vollzieht nach, was andere Syntheseübungen, die allein über den visuellen Kanal verlaufen, auch anstreben. Aber durch das Schreiben wird zusätzlich ein weiterer „Kanal" beteiligt. Das sogenannte „Mehrkanallernen" ist es, was es ermöglicht, daß alles Gelernte erst richtig vernetzt wird. Das ist ein weiterer Grund dafür, hier Lesen und Schreiben konsequent zueinander in Beziehung zu setzen.

Das Schreibdrucken begleitet also das Lesen den gesamten Lehrgang hindurch. Um das spätere Schreiben in verbundener Schrift und rascherer Geschwindigkeit vorzubereiten, bietet „Die Fibel" dieses lesebegleitende Schreiben in Buchstaben an, die in leichter Schräglage stehen, also nach rechts geneigt sind wie die verbundenen Schriften auch. Das soll den Übergang zum verbundenen Schreiben erleichtern.

Wann sollte man mit dem verbundenen Schreiben beginnen? Die Antwort mag überraschen, manche vielleicht auch etwas ungeduldig machen. Sie lautet: Möglichst spät!

Natürlich ist es möglich, daß man den Schreiblehrgang (in lateinischer oder vereinfachter Ausgangsschrift) fibelbegleitend einsetzt. Aber ist das nötig? Warum wollen wir die Kinder nicht nur mit zwei Schriftzeichen für einen Laut (nämlich Groß- und Kleinbuchstabe) bekannt machen, sondern auf einen Schlag mit vier verschiedenen Repräsentanten?

Besser wäre es, den Schreiblehrgang erst zu Beginn des 2. Schuljahres einzuführen. Bis dahin kennen die Schüler alle Buchstaben. Die Aufgaben des ersten Lehrgangsteils dienen jetzt der Festigung und Wiederholung des Gelernten. Die Feinmuskulatur der Kinder ist für die hier und da komplizierten Buchstabenverbindungen durch das schon geübte Druckschreiben hinreichend trainiert, die Motivation, etwas Neues hinzuzulernen, ist vorhanden. Die Aufgaben des zweiten Teils des Schreiblehrgangs können schon sinnvoll für das nun beginnende Rechtschreiblernen genutzt werden.

Die Erfahrungen, die in den letzten Jahren mit dem Druckschreiben gemacht worden sind, bestätigen alle: Je später man mit der verbundenen

Schrift beginnt, um so unproblematischer ist ihre Einführung. Das muß nur mit den Eltern besprochen werden (siehe dazu den „Brief an die Eltern" auf Seite 72). Und allen muß klar sein: Druckschreiben ist bereits Schreiben, es führt hin zum verbundenen Schreiben, und man lernt, das haben Untersuchungen gezeigt, richtiger und besser schreiben durch eine solche allmähliche Vorbereitung.

Freies Schreiben – normadäquates Schreiben

Das Schreiben im Anfangsunterricht beschränkte sich jahrhundertelang auf das Abschreiben aus der Fibel: *Auf, ab, auf, Pünktchen drauf!* Ob Schreiben von Einzelbuchstaben oder später von Wörtern: es blieb konzentriert auf das normative, das richtige Schreiben. – Ich habe nun schon vorn darauf hingewiesen, daß ich das Schreiben als einen kommunikativen Vorgang begreife. Natürlich muß auch unter diesem Gesichtspunkt das Geschriebene die Normen der Schreibung erfüllen, um ohne Irritationen kommunizierbar zu sein; doch wenn man das Schreiben als eine Handlung versteht, die sich aus unvollkommenen Anfängen heraus erst allmählich vervollkommnet, dann ist es nötig, den ersten Schreibversuchen der Kinder Respekt zu zollen. Keine hat deutlicher darauf hingewiesen als *Mechthild Dehn* (Zeit für die Schrift, Bochum: Kamp 1988).

Wir können davon ausgehen, daß das Kind anfangs sehr motiviert ist, sich schreibend auszudrücken und anderen etwas mitzuteilen. Das kann es aber zu Beginn nur in sehr begrenztem Maße,

da es die Normen der Schrift noch nicht beherrscht. Es besitzt aber schon sehr bald, nachdem es die ersten Buchstaben und Wörter gelernt hat, so etwas wie „Hypothesen" über die Schreibung von Wörtern, d.h. es schreibt „auf Probe". Die Rechtschreibung der Wörter entspricht den eigenen Vorstellungen und ist der tatsächlichen Normschreibung nur angenähert. Diesen für das Rechtschreiblernen so wichtigen Annäherungsprozeß sollte der Lehrer/die Lehrerin im Anfangsunterricht zunächst einmal als solchen sehen lernen und akzeptieren.

Man muß dabei nicht so weit gehen wie manche Didaktiker, die die Kinder die Schrift geradezu „entdecken" lassen. Doch man sollte andererseits nicht in jede schriftliche Äußerung von Kindern normativ eingreifen und auf Korrekturen aus sein. Was ein Kind schreiben möchte, sollte es, wie ich im Eingangskapitel gezeigt habe, auch schreiben dürfen, selbst dann, wenn es weder die Buchstaben, die es benötigt, alle schon kennt, noch gar die richtige Schreibung der Wörter. Manchmal wird das Kind wünschen, daß die Lehrerin ihm ein Wort aufschreibt; manchmal wird es aber auch frei (und fehlerhaft) ein Wort aufschreiben. Das ist für freies Schreiben hilfreich und bedarf der Bestätigung. Vor allem wird dadurch möglich, daß den Kindern die Motivation am Schreiben erhalten bleibt. Wir haben in unseren Schulen ohnehin mehr demotivierte Schreiber als tatsächlich Rechtschreibschwache! Einige Abbildungen mögen zeigen, wie interessant und im Grunde gekonnt die kleinen Texte schon im ersten Schuljahr sein können, wenn viel geschrieben wird und frei geschrieben werden darf (Abb. 66–69, aus einer Klasse von Hedi Berens).

Abb. 66: Schreiben erster Briefe   *Abb. 68: Abschreiben aus der Fibel*

Abb. 67: Umerzählen eines Fibeltextes   *Abb. 69: Schreiben für ein Geschich-*
tenbuch

69

Auf der anderen Seite gibt es von Anbeginn an das richtige Schreiben. Es läuft sozusagen neben dem freien Schreiben her, und erst ganz allmählich vollzieht sich eine gegenseitige Annäherung. Richtig schreiben heißt: die Buchstabenformen in die richtigen Bewegungsformen umzusetzen. Zumeist kann auch ein Druckbuchstabe nur auf eine ganz bestimmte Weise ökonomisch geschrieben werden. Es heißt aber auch: orthographisch richtig schreiben. Und das lernt das Kind durch das Abschreiben, das Abrufen von gesicherten Wortschemata und das Aufschreiben nach Gehör. So sehr Toleranz beim freien Schreiben geboten ist, so konsequent sollte beim normativen Schreiben auf Richtigkeit geachtet werden.

Zusammenlaufen werden die beiden „Stränge" des Schreibens sicher dann, wenn am Ende des 1. Schuljahres die Kinder ihre selbst erfundenen Fortsetzungen einer Fibelgeschichte für eine Veröffentlichung ins reine schreiben, für ein kleines Geschichtenbüchlein der Klasse etwa. Daran wird gearbeitet. Das sollte gut aussehen, spannend zu lesen sein – und richtig!

Und was wäre orthographisch im 1. Schuljahr zu sichern? Einen auf orthographische Richtigkeit ausgerichteten Unterricht gibt es im 1. Schuljahr noch nicht. Doch jede Fibel enthält so etwas wie einen „Grundwortschatz" der wichtigsten Fibelwörter, der in ersten Ansätzen rechtschriftlich eingeprägt werden kann. Keine Diktate! Aber doch schon das Schreiben nach Ansage: in Partnerarbeit oder in kleinen Übungen für die ganze Klasse. Immer wieder aber vor allem: aufschreiben lassen, was die Kinder schon können, was sie aufschreiben wollen, u-Wörter

oder o-Wörter. Die richtig geschriebenen Wörter werden bestätigt.

Schreiben lernen – Rechtschreiblernen

Gegen das unverbundene Schreiben im Anfangsunterricht gibt es unter Lehrkräften und vor allem unter Eltern eine Reihe von Einwänden und Vorurteilen, denen mit Plausibilitätsargumenten nur schwer beizukommen ist. Entkräftet werden können sie auf lange Sicht nur mit Ergebnissen empirischer Untersuchungen, auch wenn diese nur belegen, was ohnehin schon plausibel ist. Mit einigen solcher Ergebnisse können die Berichte und Arbeiten aus dem Institut für Grundschulforschung der Universität Erlangen/Nürnberg aufwarten (Hefte 33, 40, 46, 62). Sie dürften ihre Wirkung wohl kaum verfehlen, zumal sie sich auch, wie die beiden Teile von *Pfeuffers* Arbeit, auf die Auswirkungen der Schriftarten auf das Rechtschreiben beziehen, – und auf diesem Gebiet ziehen die Argumente heute am ehesten, insbesondere wenn sie belegen, daß womöglich mit dem Druckschreiben eine höhere Rechtschreibsicherheit zu gewährleisten ist als mit dem verbundenen Schreiben.

Im Bundesland Bayern erlernen seit 1981 alle Kinder das Lesen und Schreiben mit der Druckschrift; auf das Erlernen der Druckschrift folgt am Ende des 1. Schuljahres das der lateinischen Ausgangsschrift; die Druckschrift bleibt aber nach den Intentionen des Lehrplans die gesamte Grundschulzeit eingeschränkt in Gebrauch.

Die Erfahrungen damit sind, wie die Untersuchungen belegen, unbestreitbar positiv. *Peter Pfeuffer* hat nun untersucht, wie sich dieses Verfahren auf das Erlernen der Rechtschreibung auswirkt.

In Teil 1 klärt er die durch die Struktur der Druckschrift sowie die Vorgaben des bayerischen Lehrplans bedingten Voraussetzungen für das Erlernen der Rechtschreibung (Erfahrungsbericht); in Teil 2 wird eine empirische Untersuchung vorgelegt, „die beispielhaft zeigt, wie druck- bzw. schreibschriftbedingte Rechtschreibeffekte erfaßt und nachgewiesen werden können" (so *Rainer Rabenstein* im Vorwort des ersten Teiles).

Im Juni 1986 wurden 44 Schüler des 2. Schuljahres in zwei Vergleichsgruppen zu je 22 daraufhin untersucht, ob sie beim Schreiben von Texten und Einzelwörtern in Druckschrift und lateinischer Ausgangsschrift schrifttypische Fehler produzieren. Der Druckschrift wird ja immer wieder entgegengehalten, daß es beim Schreiben mit ihr zu Buchstabenverwechslungen, -umstellungen, -auslassungen usf. komme. Beweise dafür liegen allerdings bisher nicht vor; *Pfeuffer* liefert nun welche − aber andere.

Der empirische Plan ist solide, das statistische Verfahren genau beschrieben, die aufgestellten Hypothesen sind überzeugend. Die Ergebnisse der Arbeit sind andererseits nicht „schön" genug, daß sie nicht auch dem möglichen Vorwurf standhielten, der bloßen Legitimation eines Lehr- und Lernweges zu dienen, der in der Bundesrepublik immerhin noch etwas Besonderes darstellt. Es gibt nämlich, so zeigen die Ergebnisse im großen und ganzen, keine schrifttypenbedingten Rechtschreibprobleme. Beim Schreiben mit der Druckschrift werden insgesamt nicht mehr und keine anderen Fehler produziert als beim Schreiben mit der lateinischen Ausgangsschrift. − Könnten wir dann nicht doch beide Wege gleichermaßen als empfehlenswert ansehen?

Wohl kaum. Denn *Pfeuffers* Ergebnisse zeigen dann doch, daß, bis auf eine Ausnahme, das Druckschreiben zu etwas besseren Rechtschreibergebnissen führt als das verbundene Schreiben. Ganz signifikant zugunsten der Druckschrift ist der Unterschied im Bereich der Verwechslungen zwischen Kleinbuchstaben *(a-o, b-l, h-k, m-n, u-v* usf.); hier kommt es beim Druckschreiben zu deutlich weniger Fehlern.

In seinem Resümee faßt *Pfeuffer* zusammen, daß sich „keine Anhaltspunkte für nachteilige Auswirkungen des Gebrauchs der Druckschrift auf die Rechtschreibleistungen ergaben, andererseits aber auch die für die lateinische Ausgangsschrift festgestellten negativen Einflüsse auf das Rechtschreiblernen nicht übersehen werden dürfen" (S. 17). Zurückhaltung des Empirikers bei der Deutung seiner Ergebnisse ist immer geboten.

Der aufmerksame Leser sieht aber in einigen Tendenzwerten dieser Untersuchung den Hinweis auf klare Vorzüge des Druckschreibens im Hinblick auf die Rechtschreibleistungen der Kinder; so ist die Anzahl der Buchstabenauslassungen und -hinzufügungen sowie die Zahl der Verwechslungen zwischen Klein- und Großbuchstaben beim LA-Schreiben deutlich höher als beim DS-Schreiben.

Liebe Eltern!

Ihre Kinder lernen in meiner Klasse im 1. Schuljahr das Schreiben etwas anders, als Sie selbst es in der Schule gelernt haben, nämlich an einer unverbundenen Schrift, wie sie auch in der Fibel steht. Manche von Ihnen werden sagen: „Das ist doch noch gar kein richtiges Schreiben! Das ist ja Druckschrift! Und warum sollten die Kinder es heute anders lernen als wir früher?"

Ich möchte Ihnen gern mitteilen, warum wir so verfahren. Wir tun es deswegen, weil die Kinder dann alles, was sie in der Fibel lesen, auch gleich so schreiben können, wie es da steht, – und nicht erst eine andere Schrift lernen müssen. Die Fibeltexte sind heute nämlich alle, anders als früher, in Druckschrift gedruckt, weil man diese Schrift besser lesen kann. Außerdem können die Druckbuchstaben auch leichter schreiben gelernt werden; denn sie haben nicht so viele Verzierungen wie die Buchstaben der lateinischen/vereinfachten Ausgangsschrift. Drittens können die Kinder von Anfang an das Schreiben erlernen. Für eine verbundene Schrift wäre ein längerer Vorkurs nötig, sodass wir mit dem richtigen Schreiben erst nach einigen Monaten anfangen könnten.

In wissenschaftlichen Veröffentlichungen, die ich studiert habe, und in unseren Richtlinien wird auch deswegen ein Schreibanfang mit Druckbuchstaben empfohlen, weil die Kinder damit schon sehr rasch aus der Fibel abschreiben und sich gegenseitig kleine Texte schreiben können. Und letztlich ist dieser Lernweg auch für die Rechtschreibung eine Hilfe; denn mit einer unverbundenen Schrift lernen die Kinder Buchstaben neben Buchstaben zu setzen und dabei auf die Reihenfolge zu achten und das Wort gut zu durchgliedern.

Seien Sie also bitte unbesorgt! Geschrieben wird in unserer Klasse sehr viel – sogar mehr, als es mit einer verbundenen Schrift möglich wäre; denn die ist für die noch unausgebildete Kinderhand nur mit größerer Anstrengung gut zu schreiben. Zu Beginn des 2. Schuljahres lernen alle Kinder dann auch das Schreiben der verbundenen Schrift. Das geht erfahrungsgemäß sehr rasch und bereitet den Kindern zu diesem Zeitpunkt viel weniger Schwierigkeiten, als wenn wir gleich damit anfangen würden.

Wenn ich Sie aber bis hierher noch immer nicht davon überzeugen konnte, wie hilfreich meine Methode ist, so denken Sie doch bitte einmal daran, dass ja auch Sie selbst in klaren Druckbuchstaben schreiben, wenn Sie z. B. ein Formular ausfüllen, das gut lesbar sein soll. Das nämlich ist das Wichtigste: Ihre Kinder sollen zuallererst gut lesbar schreiben lernen und dabei möglichst wenige Fehler machen. Das ist doch unser aller Ziel. Und deswegen bitte ich Sie, die Kinder beim Erlernen unserer Schrift zu unterstützen. Sagen Sie ihnen vor allem nicht, dass das, was sie tun, noch kein richtiges Schreiben sei. Es ist richtiges Schreiben! Und überall in Europa lernen die Kinder es so – und sind sehr zufrieden und erfolgreich dabei.

(Dieser Brief ist in neuer Rechtschreibung geschrieben.)

zevndvo · X V ∩ d ∧ o

Schreiben Sie bitte diese beiden Wörter eine Minute lang untereinander, erst in verbundener Schrift, dann in Druckschrift. In welcher Schrift haben Sie es öfter geschrieben?

Schreiben Sie eine der beiden Spalten bitte ab. Für welche haben Sie sich entschieden — und warum?

una scaletta che scendeva in giardino
una scaletta che scendeva in giardino

Welchen dieser beiden Sätze können Sie schneller und mit weniger Fehlern abschreiben? Schreiben Sie beide je eine halbe Minute lang! Fangen Sie diesmal mit der Druckschrift an.

73

Deswegen darf man auch eine deutlichere Folgerung aus dieser Untersuchung ziehen, als *Pfeuffer* dies bei aller Zurückhaltung tut: Laßt die Kinder nicht nur, wie in Bayern, mit der Druckschrift das Schreiben erlernen, sondern laßt sie die Druckschrift noch länger schreiben (was auch in Bayern nur im Ansatz gegeben ist). Der Gewinn auch für das Rechtschreiben wäre nicht zu bezweifeln!

Kriterien zur Auswahl einer Fibel

Fibelinhalte

Den Fibeln der 50er und 60er Jahre wurde vielfach der Vorwurf gemacht, sie spiegelten eine „heile Welt" vor. Die „Fibelwelt" hat sich seitdem geändert. Die Welt ist nicht heil; schon Kinder begegnen Widersprüchen, Enttäuschungen, Ängsten, Auseinandersetzungen, Konflikten, kleinen und großen Tragödien. Würde eine Fibel dies aussparen, geriete sie zum Potpourri trivialer Erstlesetexte. Würde sie andererseits im verkrampften Bemühen, die sogenannte „heile Welt" als unrealistisch zu negieren, alles zurückdrängen, was schön und freudvoll, angenehm, tröstlich und gut ist, so geriete sie zu einem kritischen Glossar zur Welt der Kinder.

Die Frage ist die nach dem Realitätsbezug – und das heißt: Phantasie, Illusion, Erwartungen und Wünsche, Tagträume und Vorstellungen von einer anderen Welt so gut zu berücksichtigen wie die realen Dinge der heilen und nicht heilen Welt. Was sollte also eine Fibel heute enthalten?

– Zunächst einmal die neuen Inhalte aus dem Bereich der Schule, des Unterrichts; dieser Bereich muß vor allem durch Texte erschlossen werden: die Tätigkeiten des Unterrichts, die Namen der Menschen und Gegenstände, die sprachlichen Verhaltensweisen: das Lesen, Schreiben, Experimentieren usf. – Wörter, die die Kinder immer wieder in Schulbüchern lesen werden.
– Dann die Erfahrungen außerhalb der Schule: Tageslauf, Spiele, Feste, der Umgang miteinander, Verkehr, Institutionen wie Post und Bahn ... Hierfür muß eine Fibel Hilfen anbieten: Erzählanlässe, Erschließungsmöglichkeiten, Anregungen, nicht pure Spiegelungen von Realität, sondern Motivation, diese Realität ausdeutend und darüber sprechend erfahrbar zu machen.
– Und natürlich auch die Eigenwelt der Literatur: das Erträumte, Phantasierte, das Entlastende, Unterhaltende, Kritische, Spannende, Belehrende, Witzige, auch das, was betroffen macht – die Bereicherung der inneren menschlichen Möglich-

74

keiten: Gedichte, Geschichten, Spiele.

Eine Textauswahl, die vor allem dazu dient, die Erfahrungen der Kinder mit Hilfe von Sprache zu erweitern, die Realität zu erschließen, die Phantasie zu bereichern, wird nicht leicht in Gefahr geraten, sich auf Heile-Welt-Pädagogik zu reduzieren.

Sucht man nach *Kriterien* für die Auswahl von Fibeln unter dem Aspekt der Inhalte, so stellen sich auch heute noch folgende Fragen, die von *Peter Conrady* und *Gerhard Rademacher* (Fibeln im Gespräch, Essen: Die blaue Eule 1987, S. 20 f.) aus früheren Untersuchungen wieder aufgenommen worden sind:
- Erfassen die Themen die für Kinder wichtigen und ihnen psychisch nahen Bereiche?
- Werden die Themen in indoktrinierendem Sinne oder im Sinne der Förderung selbständigen und verantwortungsbewußten Denkens abgehandelt?

Oder gemäß *Valentin Merkelbachs* Katalog (Lerninhalte in neueren Fibeln, in: Diskussion Deutsch, Heft 12/ 1974, S. 106):
- „Welche sozialen Erfahrungen werden in den Fibeln vorzugsweise behandelt?
- Mit welchen können sich Fibelleser im allgemeinen identifizieren?
- Welche sind zumindest einem Teil der kindlichen Leser fremd?
- Welche Erfahrungen, die Kinder in der Realität häufig machen, kommen in der Fibel selten oder überhaupt nicht vor?
- Wie werden soziale Erfahrungen behandelt: harmonisierend, kritisch oder utopisch?"

Ein weiteres, heute von allen Zulassungsgremien mit besonderer Aufmerksamkeit angewandtes Kriterium ist das der Rolle von Frauen und Mädchen in Fibeltexten und -illustrationen: Welche Berufe haben die Frauen? Welche Rolle spielen sie in der Familie? Wie werden die Mädchen dargestellt? Welche Rollenklischees werden vermittelt? usf. Eine 1988 vom Kultusministerium in Saarbrücken veröffentlichte Arbeit gibt sehr gute Einblicke in die Art und Weise solcher Untersuchungen – und demaskiert noch heute einen Teil unserer Lehrbücher als geradezu „anti-emanzipatorisch". „Nach der von uns durchgeführten Analyse", so heißt es in dem Gutachten, „müssen wir befürchten, daß die derzeitige Schüler/innen/generation ihre Lektion genauso lernen soll wie die vorangegangene" (S. IV). Von fünf untersuchten Fibeln konnte nur eine einzige (Die Fibel, Westermann) als empfehlenswert angesehen werden. Ihr wurde bescheinigt: „Mädchen und Frauen sind ebenso häufig vertreten wie Jungen und Männer; Mädchen werden im Bildmaterial und im Text aktiv und selbstbewußt dargestellt; Jungen zeigen Gefühle und wenden sich Personen und Dingen fürsorglich zu; die Kinder verhalten sich unzensiert entsprechend ihren Bedürfnissen und nicht entsprechend den klischeehaften Vorstellungen vieler Erwachsener; berufstätige Frauen waren genauso häufig erwähnt wie Männer." (S. 44) Die zusammenfassenden Beurteilungen der anderen Fibeln (übrigens auch der Lese- und Mathematikbücher) zeigen, daß noch immer „Frauen auf die Mutterrolle festgelegt" werden, „Mädchen weniger Aktivitäten zugeordnet" werden, „die Sprache der Autor/inn/en frauenfeindlich" ist, eine „Berufswelt ohne

Abb. 70: Rollenklischees...   Abb. 71: ... und ihre Überwindung

Frauen" dargestellt wird, „Mädchen und Frauen eklatant unterrepräsentiert" sind usf. (vgl. Abb. 70, aus: Meine liebe Fibel, Bochum: Kamp 1990 und Abb. 71 aus: Die Fibel, Braunschweig: Westermann 1986).

Gegen die Kritik von dieser Seite wird oft vorgebracht, daß die Verhältnisse in der Realität nun einmal so seien, wie sie die Fibeln zeigten; Emanzipation habe sich noch keineswegs vollzogen, und ein Schulbuch dürfe deswegen nicht so tun, als sei der Artikel 3 des Grundgesetzes schon verwirklicht. Aber: eine Fibel ist ein pädagogisches Werk; sie hat auch eine Vorbild- und Ermutigungsfunktion. Sie hat Wirklichkeit nicht schlichtweg abzubilden, sondern zu ihrer Veränderung beizutragen. Aus diesem Grunde sind die Einwände der Kritiker ernst zu neh-

men. Das emanzipatorische Kriterium für die Auswahl einer Fibel ist pädagogisch von höchster Bedeutung.

Fibelsprache

Zunächst: Die Fibel ist ein Werk, das dem Erwerb der Schriftsprache dient − nicht dem der gesprochenen Sprache. Ihre Sprache muß also die der geschriebenen sein, nicht eine in Buchstaben gepreßte Redesprache. So gesehen ist Fibelsprache: Sachbuch-, Bilderbuch-, Kinderbuchsprache. Daß sich dabei die Texte der Fibel auf die Alltagswelt der Kinder beziehen, daß sie Anlässe bieten müssen zum Sprechen und Spielen, daß sie − in wörtlichen Reden zumal − gesproche-

76

ne Sprache aufnehmen, versteht sich von selbst. Die Syntax muß einfach sein, die Wortwahl muß sich an semantisch Gesichertem orientieren (am „Grundwortschatz"); gleichwohl darf eine Fibel nicht, wie manche Kinderbuchliteratur dies tut, Kindersprache nachzuahmen versuchen: durch penetrante Bevorzugung des Perfekts etwa, durch ständig anreihende Hauptsätze oder durch den Verzicht auf poetische Elemente. Es ist der Gestus der Sprache — und es sind die Inhalte, die auf die Welt der Kinder verweisen; nicht aber ist es die anbiedernde Imitation der Sprechweise der Kinder, deren sich Fibeltexte zu bedienen hätten.

Die Fibel ist auch eine Einführung in Literatur in ihren vielgestaltigen Formen und Sprachweisen; und sie würde sich eines ihrer wichtigsten Ziele begeben, käme sie Kindersprache nachahmend daher.

Gerade in diesem Bereich liegt aber noch manches im argen. Die Sprache vieler Fibeln ist, besonders im ersten Drittel des Lehrgangs, noch so weitgehend einem System verpflichtet (etwa dem des konsequenten Ausbaus von Wörtern, die synthetisierbar sind), daß ihre Texte weitgehend aus dialogischem Gestammel bestehen und weder der Sprache der Kinder gerecht werden noch gar den mindesten literarischen Pfiff enthalten. Erzählt wird kaum, und damit können auch keine Anregungen zum Erzählen gegeben werden. Die Liste der Fibelkindernamen wächst sich, da besonders erfundene Namen zu allerlei Analyse- und Synthesespielchen Gelegenheit bieten, oft ins Exotische aus, worunter die Normalsprache des Beschreibens und Erzählens stark leidet. Natürlich ist es nicht einfach, auch nur kürzeste Texte aus dem zur Verfügung stehenden Wortbestand zu bilden. Zwar haben uns die ganzheitlichen Fibeln früherer Zeit schon einmal vorgemacht, was zumindest im Ansatz möglich ist. Doch viele Fibelmacher von heute haben das Kind der Ganzheitstheorie mit dem gesamten Bade auch seiner Sprache ausgeschüttet. Daß dies nicht nötig ist, habe ich vorn gezeigt.

Eine Fibel ist in ihrem Lehrgangsteil ein von ihren Autoren geschriebenes Kinderbuch. Fibelmacher und -illustratoren sind als solche immer Autorinnen und Autoren von Kinderliteratur, nicht Anthologen. Und es wäre hinzuzufügen: Sie sind dies, wenn sie ihr Handwerk verstehen, nicht aus Not, sondern aus Authentizität. Daß sie bei ihrer Textarbeit über inhaltliche und poetische Bedingungen hinaus didaktische berücksigten müssen, unterwirft sie gleichsam zusätzlichen Spielregeln. Wer je einen Fibeltext unter Berücksichtigung einer ganz bestimmten Auswahl von bereits erlesbaren Wörtern und mit der Begrenzung auf schon erlernte Buchstaben verfaßt hat, der hat — sofern er auch sonst literarisch tätig ist — erfahren, daß er sich hierbei auf ganz ähnliche Restriktionen einläßt wie ein Poet, der Reime, Rhythmen, Metaphorisierungen usf. zu koordinieren hat. Ein Fibeltext mit eingegrenztem Wort- und Buchstabenmaterial ist kein prinzipiell anderes Sprachspiel als, sagen wir: ein Gedicht von Guggenmos oder Härtling. Entscheidend für die Qualität eines Fibeltextes sind allemal auch hier die poetische Kraft, die sprachliche Sicherheit, der Witz und die Ernsthaftigkeit der Autoren. Und darüber verfügen Schreiber von Fibeltexten so gut wie die von Kinderliteratur in jeweils unterschiedlichem Maße.

In ihren nicht-lehrgangsbezogenen Teilen sind die meisten Fibeln dann aber auch Anthologie, Auswahl von Sach- und literarischen Texten aus schon veröffentlichten Büchern. Sie enthalten Kinderverse und -lieder, Gedichte, Geschichten und Märchen; denn eine Fibel ist ja immer auch Öffnung zum literarischen Leben, Impuls zum Lesen von Büchern. Wo sie dies nicht leistet, bleibt sie wohl ein hermetisches Lernbuch oder — bestenfalls — ein Kinderbuch ganz für sich selbst.

Als gute Hilfe zur *Kriteriengewinnung* bieten sich auch hier wieder Fragen an, wie *Peter Conrady* und *Gerhard Rademacher* sie zusammengestellt haben (Fibeln im Gespräch, Essen: Die blaue Eule 1987, S. 22 f.):

- „Mit welchem Wortschatz wird in dem Lesewerk vornehmlich gearbeitet? (Schultze 1956; Warwel 1967)
- Wird der Wortschatz nach bestimmten Leselernfunktionen unterschieden?
- Welche literarischen Bereiche kommen zur Geltung (Epik, Lyrik, Dramatik …)?
- Ist der Satzbau stereotyp, oder wechselt er?
- In welchem Umfang regt die Sprache zum Denken und Weitersprechen an?
- Welche sprachlichen Schwierigkeiten sind von den Texten her (bedingt durch Strukturierung, Lexik, Länge der Sätze, Überschaubarkeit usf.) zu erwarten?
- Regen die Texte zum sprachlichen Handeln an (lesen, erzählen, schreiben, dialogisieren …)?"

Die Illustrationen

Illustrationen haben zu Beginn des Lesenlernens eine Funktion, die unverzichtbar ist: Sie geben auf anschauliche Weise jene Inhalte wieder, die in der für Kinder noch nicht lesbaren Buchstaben- und Wortfolge auf abstrakte Weise enthalten sind. Mit ihrer Hilfe wird es möglich, die Verbindung vom gesehenen Wort zur Bedeutung herzustellen, ohne daß man das Wort vorlesen muß. Das Wort „Baum" auf einer Fibelseite kann durch die Verbindung mit der Illustration eines Baumes in seiner Bedeutung erkannt werden.

Das ist die *konstitutive* Funktion der Illustrationen in einer Fibel. Die Abbildungen in einer Fibel haben darüber hinaus eine *texterschließende* und *texterläuternde* Funktion, indem sie Teile der in den Texten begrifflich vermittelten Informationen bildlich konkretisieren; sie haben eine *textverweisende* Funktion, indem sie zum Lesen des Textes unmittelbar auffordern; sie können auch eine *textgliedernde* Funktion haben, indem sie Texte unterbrechen und mit Ruhepunkten versehen; sie haben in bestimmten Einheiten eine *affektiv-emotionale* Funktion, indem sie einen Text sinnlich verdeutlichen; hier und da haben sie eine *operativ-produktive* Funktion, indem sie dazu auffordern, in den Text etwas einzufügen, zu ihm zu basteln, zu spielen, zu malen; sie haben in anderen Einheiten eine *textergänzende* Funktion, indem sie jene Inhalte bildlich in den Text einfügen, die mittels Sprache noch nicht gelesen werden können; und endlich können sie auch eine *textalternative* Funktion haben, insofern sie Entgegnungen zu einem Text darstellen und das Denken über ihn hinausführen.

Insgesamt gehören die Illustrationen zum Motivationsrepertoire einer Fibel: sie machen gespannt auf Texte, sie stellen Anregungen zum Lesen zur Verfügung, sind Ausgangspunkt für das Gespräch oder für das Schreiben eines Textes.

Die Mehrzahl der Illustrationen in einer Fibel ist in der Regel von einer bekannten Kinderbuchillustratorin oder einem einzigen Grafiker angefertigt worden. Damit erhält eine Fibel ihre bildlich-ästhetische Einheit als Buch; denn es gehört zu einer ihrer wichtigsten Aufgaben, die Kinder beim Lesenlernen bereits in das Lesen von Büchern einzuführen. Eine Besonderheit der Anlage der Bilder besteht oftmals darin, daß sie auch zum ergänzenden Sehen auffordern; aus diesem Grunde und mit dieser Absicht sind viele der Illustrationen selbst ergänzungsbedürftig, „unfertig", lassen Spielräume für Phantasie.

Da es sich bei Illustrationen um ästhetische Objekte handelt, kann man über ihre Qualität grundsätzlich streiten. Über ihre Wirkungen auf Kinder wissen wir noch immer sehr wenig; und ihre Wirkung auf Erwachsene ist außerordentlich unterschiedlich. Immer wieder sollten sich Erwachsene klarmachen, daß das, was ihnen gefällt, Kinder nicht unbedingt als schön empfinden müssen, und umgekehrt: daß das, was ihnen fremd erscheint oder gar mißfällt, Kinder durchaus sehr anregend finden können. In aller Regel können Kinderbuchillustratoren recht gut die Wirkungen ihrer Illustrationen auf Kinder einschätzen und eine Ästhetik vermitteln, die Kindern entspricht.

Ein entscheidender Unterschied zwischen den Wahrnehmungen von Erwachsenen und Kindern besteht wohl darin, daß Kinder die Fähigkeit zum abstraktiven Sehen noch nicht in dem Maße besitzen wie Erwachsene und daher an konkreten Details weit stärker interessiert sind als jene. Das wird immer wieder deutlich, wenn man die Kritik Erwachsener an der „Überladenheit", „Buntheit" und der „irritierenden Vielfalt" auf einer Fibelseite mit dem vergleicht, was Kinder auf derselben Seite alles wichtig und interessant und aufregend finden können. Was sich uns also oftmals als irritierend darbietet, kann die Neugier der Kinder motivieren, auf einer Seite sehr aufmerksam und konzentriert mit den Augen „spazierenzugehen". Urteile über Illustrationen aus der Erwachsenensicht werden kindlichen Bild-Entschlüsselungsbedürfnissen selten gerecht.

Das bestätigen auch die wenigen Untersuchungen, die es über die Wirkungen von Fibel- und Lesebuchillustrationen gibt. „Eindeutig wird die *graphisch-feste Form* bevorzugt (Farbflächen mit graphischer Struktur) bzw. eine *prägnant stilisierte Form* vor reineren Verfahren . . ., wobei *Farbe* wiederum vor rein linearen Darstellungen rangiert" (Rudolf Keck/Rudolf Schönhöfer, Bildklischees in Erstlesefibeln, in: Wolfgang Menzel (Hrsg.), Fibeln und Lesebücher für die Primarstufe, Paderborn: Schöningh 1975, S. 42). Nach *H. Hinkel* sollten Illustrationen eindeutige Formen aufweisen durch Umrisse und Konturen oder durch Flächen. In den ersten beiden Schuljahren, so stellt *Hinkel* fest, werden Kinder noch von der Buntheit der Farben stark angesprochen (Hermann Hinkel, Wie betrachten Kinder Bilder, Gießen: Anabas 1972, S. 149).

Ganz besonders schwierig ist es für den Erwachsenen, zu beurteilen, was Kinder an Illustrationen witzig und lustig finden, worüber sie lachen, sich freuen können. Selbst erfahrene Lehrerinnen und Lehrer täuschen sich da oftmals, bestimmt von ihren eigenen Vorstellungen über Ästhetik und Humor, über die tatsächlichen Wirkungen auf Kinder hinweg. „Nie hätte ich gedacht, daß Kinder sich auf einer solchen Seite zurechtfinden könnten", sagte eine Lehrerin auf einem Fortbildungskursus, „doch als ich dann hörte, was es da alles zu erzählen und zu lachen gab, mußte ich meine Meinung über diese Seite total ändern." (Vgl. Abb. 72, aus: Die Fibel, Braunschweig: Westermann 1986) – Es gilt grundsätzlich: daß wir unsere eigenen ästhetischen Kriterien nicht ohne weiteres übertragen können auf diejenigen der Kinder. Ästhetische Erzie-

hung muß den Entwicklungsprozeß der Wahrnehmungsfähigkeit berücksichtigen, darf den Kindern nicht überstülpen, was für sie noch nicht so wahrnehmbar ist, wie Erwachsene es gern hätten. Toleranz ist hier besonders geboten. Aber erst recht Interesse an dem, was Kinder als schön, aufregend und anrührend empfinden.

Sucht man unter dem Gesichtspunkt der Illustrationen nach *Kriterien* für die Fibelauswahl, so bieten die Fragen *Peter Conradys* und *Gerhard Rademachers* (Fibeln im Gespräch, Essen: Die blaue Eule 1987, S. 25 f.) eine hilfreiche Richtschnur.

„Unter folgenden allgemeinen Gesichtspunkten sollten Fibelbilder u. a. einer Prüfung unterzogen werden:
– Welche Themen (Inhalte) und Intentionen kommen im Fibelbild zur Sprache?
– Fordern die Bilder zu einer Stellungnahme heraus?
– Geht von dem Bild eine spracherzieherische Wirkung aus?
– Ist die Darstellung eindeutig und sachlich richtig?
– Ist das Bild für Kinder dieser Altersstufe verständlich?
– Wie ist die künstlerische Qualität der Bilder zu bewerten?
– Bieten die Bilder „Anregungen" für die eigene Bildproduktion?

Unter lesedidaktischen Gesichtspunkten im engeren Sinne wäre zu fragen:
– Sind die zu Beginn des Leselernprozesses gegebenen didaktischen Möglichkeiten richtig genutzt? (Das Bild als Ersatz für die Wortgestalt, als Vermittler der Wortgestalt, als Kontrolle bei der Sinnentnahme, als Gedächtnisstütze, als Hilfe zur Antizipation)?

Abb. 72: Fibelseite, die zum „Spazierengehen" einlädt

80

– Wie wird im fortgeschrittenen Leselernprozeß das Bild eingesetzt?
(Das Bild als Hilfe zur Sinnfindung,
als Hilfe zur optischen und akusti-
schen Analyse, als Leseanreiz, als
über den Text hinausführende Illustration?)
– Wie stark sind Bild und Text miteinander verklammert?
– Ist eine engere Verklammerung didaktisch gerechtfertigt, oder wird
sie als Mittel zur Indoktrination
mißbraucht?
– Welche Intentionen werden von
den Fibelautoren den Bildern a)
grundsätzlich, b) im speziellen Fall
zugemessen?"

Methode und Selbständigkeit

Immer noch werden Fibeln daran ge-
messen, wie sicher ihre Methode sei;
und das heißt oftmals nichts anderes
als, wie sicher Lehrerinnen und Lehrer
die Lernvorgänge mit Hilfe einer Fibel
methodisch steuern können. Das Lob
lautet dann: diese oder jene Fibel sei
„idiotensicher". Der Blick ist dabei in
erster Linie auf die Umsetzung der
analytischen und synthetischen Prozesse gerichtet. Daß eine Fibel aber
den gesamten Vorgang des Schriftspracherwerbs gewährleisten muß,
von der Aneignung der basalen Fertigkeiten bis hin zur Lese- und Schreibmotivation, wird oft übersehen. *Rudolf Kretschmann* hat in einem Aufsatz (Praxis Deutsch, 100/1990) nachdrücklich darauf hingewiesen, wie bedeutsam „Transaktionen" beim
Schriftspracherwerb sind. „Mit dem

Begriff ‚Transaktion' ist gemeint, daß
jede Tätigkeit einen Doppelcharakter
hat: Zum einen setzt sich eine Person,
wenn sie tätig ist, mit der vorhandenen
Wirklichkeit auseinander und verändert dabei ihre geistigen ‚Bilder' …
Zum anderen kann es geschehen, daß
sie mit ihren Handlungen die Wirklichkeit verändert" (S. 5).

Geistige Bilder hat ein Kind von seiner
Umwelt, von sich selbst und von seinen Beziehungen zu anderen Menschen. Wie es diese Bilder in sich selbst
verändert und mit seinen Lernhand-
lungen die Wirklichkeit verändert, ist
für den Erfolg eines Lernprozesses
von höchster Bedeutung. Das besagt
nichts anderes, als daß für den Erfolg
des Lese- und Schreiblehrgangs nicht
die aufgesetzte Methode entscheidet,
sondern die eigene Auseinandersetzung mit der Schriftsprache. Wie vollkommen und nachhaltig sich das Lernen vollzieht, ist zwar nicht methoden-
unabhängig, doch spielen die Entwicklung des Selbstwertgefühls, das
Interesse an den Sachen, eigene Ent-
deckungen, Neugier, Motivation und
Bestätigung, die Bestärkung von
Kreativität und Eigeninitiative wahrscheinlich eine größere Rolle. Nur so
ist es ja auch zu erklären, daß viele
Kinder „trotz der Methode" das Lesen
und Schreiben erlernen konnten.

Das heißt, daß Lehrende eine andere
Einstellung zur Lehre und damit auch
zu den Lehrmitteln bekommen müssen. Methodische Tricks mit Hilfe von
Identifikationsfiguren wie Teufelchen,
Püppchen und Strümpfchen, so könnte man sagen, sind eben um so notwen-
diger, je weniger ein Lehrgang *von sich
aus* geeignet ist, die Lese- und Schreibmotivation aufzubauen und zu erhalten; oder umgekehrt: sie sind um so

81

weniger nötig, je interessanter und anregender die Bilder, Texte, Übungen und Aufgaben einer Fibel sind. Es ist das Lernmaterial selbst, das die wirkliche Lernmotivation schafft; erst wenn es, wie in vielen Fibeln, die Neugier nicht weckt, zu Kreativität und Auseinandersetzung nicht ermuntert, das Selbstbewußtsein nicht bestärkt, ist das ganze Repertoire der sekundären Motivation nötig. Dies aber kann eines niemals leisten: die Kinder in ihrem eigenen Lernbestreben zu unterstützen. Die Identifikationsfigur ist nichts anderes als eine moderne Form des Nürnberger Trichters — weniger abstrakt, witziger gewiß, doch von ihrer Funktion her dasselbe. Ernst nimmt sie die lernenden Kinder nicht!

Aber die ausländischen Kinder! Gerade sie, so wird oft gesagt, bedürften der sicheren Methode mit ihren kleinsten Lernschritten besonders. Und die Lernschwachen auch! Damit unterstellt man, daß Neugier und Selbständigkeit sozusagen die Luxusausstattung begabter Kinder seien. Was für ein Menschenbild! *Rudolf Kretschmann* hat an zwei Beispielen, einem Kind mit guter und einem mit weniger günstiger Ausgangssituation, eindrucksvoll gezeigt, wie viel wichtiger letzten Endes bei *beiden* die Interaktion zwischen Lehrerin und Schüler ist als die bloße Methode. „Je länger ein pädagogischer Prozeß andauert, je mehr Situationen sich aneinanderreihen, desto geringer wird der Einfluß der Ausgangsvariablen, desto mehr werden die künftigen Prozesse von den *Ergebnissen* der Transaktionen bestimmt" (S. 6). Zunehmend wichtiger werden dann das Selbstwertgefühl und das strategische Wissen der Lernenden.

Was bedeutet das alles für die Auswahl eines Lehrgangs? Vor allem: daß die Aufmerksamkeit nicht nur auf die vermeintliche Sicherheit und Schrittigkeit einer Methode gerichtet werden sollte, sondern auch und vor allem auf die „innere" Motivationskraft des Materials, auf das Angebot zur selbständigen und motivierenden Auseinandersetzung mit dem Lernstoff, auf die Möglichkeiten zur freien und individualisierenden Arbeit damit.

Fibel oder Eigenfibel?

„Ist die Fibel noch das geeignete Arbeitsmittel?" fragten *Ute Warm* und *Karin Wallrabenstein* in „Grundschule 2/1986", und sie eröffnen damit eine interessante Diskussion unter acht Fachleuten. Ich bin davon überzeugt: Fibel oder Eigentexte — das ist eine falsche Alternative. Den Verzicht auf Eigentexte macht keine Fibel notwendig; ja, wenn sie gut ist, fordert sie geradezu dazu heraus. Den Verzicht auf eine Fibel macht andererseits keine Eigenfibel notwendig; die Fibel als „Raster" oder „System", an dem man sich orientiert und das einem Sicherheit gibt, und darüber hinaus eigene Texte. Worauf jemand den Schwerpunkt seiner Unterrichtsarbeit legt, auf die Fibel oder die Eigenfibel: das hängt allein von seiner Sicherheit, seiner Arbeitskraft — und natürlich auch von der Qualität der eingeführten Fibel ab.

Die Texte einer sogenannten „Eigenfibel" können aus der Situation erwachsen; die Kinder können an ihrer Entstehung und Gestaltung beteiligt sein; sie sind dabei sehr stark motiviert, denn sie lernen das Lesen an Texten, die sie selbst mit verfaßt haben – und die sie betreffen. Die Arbeit an solchen von Schuljahr zu Schuljahr freilich sich verändernden Texten und Bildern und Übungen ist sehr interessant – aber auch sehr aufwendig, und ein befriedigendes Ergebnis gelingt nur, wenn erfahrene Lehrer und Lehrerinnen und solche am Werke sind, die von den Prozessen des Schriftspracherwerbs sehr viel verstehen.

Ich selbst habe viele interessante, aufregende, engagierte und witzige Eigenfibeltexte zu lesen bekommen, von denen einige nie die Chance gehabt hätten, eben wegen ihres unmittelbaren Zeit- und Situationsbezuges, in einer Fibel akzeptiert – und von Kultusministerien zugelassen zu werden. Mit Kompromissen hat der Eigenfibelmacher kaum zu tun. Aber ich habe auch recht mäßige Eigenfibeln gesehen, schlecht aufgebaute, betuliche und nachlässig – und in schlechter Schrift – geschriebene, deren Übungsmaterial sehr stereotyp war und die eben wegen ihrer Mängel nicht zugelassen worden wären.

Das konventionelle Fibelbuch andererseits ist in der Regel systematisch gut aufgebaut, die Übungen dazu können sehr vielfältig sein, das Verfahren ist fast immer erprobt. Die Schrift ist normiert und vorbildlich, die Illustrationen können vielgestaltig sein. Sein Nachteil allerdings liegt in der relativen Situationsenthobenheit; nie kann es so nahe bei seinen Lesern sein wie eine Eigenfibel. Dafür ist es das erste richtige Buch, und es kann als Buch, wenn es geglückt ist, literarisch interessant und motivierend sein.

Dem Fibeltrott kann der Lehrer auch mit einer Fibel allemal entgehen, wenn er den Kindern das Lesen nicht allein *an*, sondern *vor* oder *mit Hilfe* der Fibel beibringt. Der Fibeltrott ist ja meistens nicht durch die Fibel selbst bedingt, sondern durch einen zu stereotypen Umgang mit ihr: Aufschlagen der Seite, Sprechen darüber, Einführung in den neuen Text, Erarbeiten des Neuen mit Hilfe des Arbeitsheftes usf. – Die Fibelseite oder -einheit macht aber mit ihren Zusatzangeboten immer mehreres möglich; sie kann eine Sprachhandlungs- oder Spielsituation eröffnen – oder man kann sie selbst eröffnen und dann erst zur Fibel hinführen; sie kann Ausgangspunkt für das Erlesen eines neuen Textes sein – oder man kann zunächst den Text vorbereiten und dann erst auf die Fibelseite zu sprechen kommen.

Die Fibel als „Begleitbuch" des Lesen- und Schreibenlernens; das ist sicher ihre sinnvollste Funktion. Dabei gestaltet man die Lernvorgänge auf die Einheit einer Fibel zu, bezieht ihre allgemeineren Vorgaben in konkrete Situationen ein, übt ihre Buchstaben / Wörter voraus – und kann die Seite dann lesen, wenn man sie aufschlägt. Danach arbeitet man an ihr ein Stück weiter, spricht über Illustrationen und Text, legt, schreibt, zeichnet, gestaltet um, was schon umgestaltet werden kann, und bezieht so aufs neue das Ganze auf seine eigene Situation.

Mechthild Dehns Fazit der Diskussion (S. 15): „Für *das Wichtigste* halte ich, daß die Kinder im Lehrenden eine Bezugsperson finden, die ihnen einen Zugang zur Schriftsprache erschließt und auf die sie sich bei schwierigen Lernwegen verlassen können. Demgegenüber hat die Frage nach der Fibel eine ganz untergeordnete Bedeutung."

Wie wir lernen:
ein Erfahrungsexperiment

Wie Kinder das Lesen und Schreiben tatsächlich lernen: darüber wissen wir vorerst nur sehr ungenau Bescheid. Aus Erfahrungen ist Ihnen, den Lehrerinnen und Lehrern, gewiß eine ganze Reihe von Problemen bekannt; und die Forschung über das Lesen- und Schreibenlernen hat eine Reihe von Ergebnissen gebracht, auf denen wir heute aufbauen können. Andererseits gibt es noch viele „weiße Stellen" auf diesem Gebiet; und es besteht nach wie vor eine Reihe von Vorurteilen und überholten Ansichten.

In dem Erfahrungsexperiment, das Ihnen auf den folgenden Seiten vorgestellt wird, können Sie sich selbst einige Teilvorgänge des komplizierten Prozesses des Lesen- und Schreibenlernens verdeutlichen. Da Sie ja alle bereits lesen und schreiben können, müssen wir die Vorgänge so verfremden oder erschweren, daß für Sie darin noch etwas neu zu erlernen ist. Unser „Lese-/Schreiblehrgang" bedient sich daher einer „Geheimschrift", die allerdings genau wie die richtige Schrift, die wir gelernt haben, aufgebaut ist, d. h. Laute/Phoneme entsprechen Buchstaben, ein Wort der Geheimschrift entspricht einem Wort unserer Sprache.

Der Zweck dieses Experimentes ist nun nicht, Ihnen schlichtweg aus spielerischen Gründen eine zweite Schrift beizubringen, sondern Ihnen Erfahrungen ins Bewußtsein zu heben, die Ihre Schüler beim Erlernen der Schriftsprache auf ähnliche Weise auch machen – und Ihnen etwas von der Theorie des Schriftspracherwerbs einmal praktisch umgesetzt vorzuführen. *Etwas* davon! Nicht mehr. Aber vielleicht trägt dieses Experiment doch dazu bei, daß Sie einige Fragen, die Ihnen gar nicht mehr kommen, neu stellen; daß Sie einige Ansichten, die sich bei Ihnen verfestigt haben mögen, überdenken; daß Sie einige Probleme, die Ihre Schüler haben, etwas besser verstehen.

Sie können dieses Erfahrungsspiel für sich allein durchführen; interessanter, ergiebiger und aufschlußreicher ist es, wenn Sie es mit einigen Kolleginnen und Kollegen oder gar im gesamten Kollegium durchführen. Eine Reihe von Aufgaben können Sie auch mit etwas älteren Schülern (etwa vom 4. Schuljahr an) zu lösen versuchen. – Ich selbst habe dieses Experiment in vielen Lehrerfortbildungskursen erprobt und erweitert, und wir alle, die sich daran beteiligten, haben eine Fülle von z. T. überraschenden, z. T. bestätigenden Einsichten dabei gewonnen.

Spielen Sie also die Aufgaben zuerst einmal durch. Am Ende finden Sie einige theoretische Erläuterungen, Kommentare und Auskünfte über die Erfahrungen, die andere mit diesem Experiment gemacht haben.

84

Wir setzen einmal voraus: Sie wollen eine Geheimschrift wirklich lernen, so wie die meisten Kinder im 1. Schuljahr die Schriftsprache erlernen wollen: möglichst leicht, möglichst gut behaltbar, möglichst rasch, möglichst vergnüglich — und zwar lesen *und* schreiben. — Stellen Sie sich vor, Ihnen stünde eine Geheimschrift-Fibel für Erwachsene zur Auswahl, die entweder mit dem Satz A (in unverbundener) oder mit dem Satz B (in verbundener Schrift) beginnt. Die ersten vier Aufgaben können Ihnen vielleicht helfen, zu einer Entscheidung zwischen den beiden Ausgaben zu gelangen.

A /\10 ɔyʌ10ʌՈ Usqx

B *fwn rwh ehno*

1. Sehen Sie sich diese beiden Zeilen eine Zeitlang genau an. Notieren Sie, was Sie an diesen drei Wörtern „ablesen" können: Anzahl der Buchstaben, Wiederholung einzelner Buchstaben, Durchschaubarkeit der Wörter und ähnliches.

2. Entscheiden Sie zunächst: Welche dieser beiden Zeilen würden Sie lieber abschreiben, wenn es darum ginge, sie möglichst fehlerfrei und möglichst schnell abzuschreiben? Begründen Sie Ihre Entscheidung kurz.

3. Schreiben Sie nun beide Zeilen ab. Notieren Sie dann, bei welcher dieser Zeilen Sie welche Probleme hatten (was Ihnen leichter fiel, welche Fehler Sie gemacht haben usf.).

Zeile A:

Zeile B:

Probleme:

85

4. Diskutieren Sie Ihre Ergebnisse in der Gruppe: Wie ist es anderen Lernenden gegangen? Hatten sie ähnliche – ganz unterschiedliche Probleme?

Raum für Notizen: _____

_____

_____

A Λιο ɔyΛιοΛn Usqx

B Λιο dn$\vee$pΛn Usqx

C Λιο ɔyΛιοΛ L Uys??

D Λιο dn$\vee$pΛ L Uys??

5. Sehen Sie sich nun diese vier Zeilen an. Notieren Sie, welche formalen Dinge Sie an diesen Zeilen ablesen können:

1. Wort gleich, beim d, erster + letzter Buchstabe unterschiedl bzw. 1: A,C gleich; 3,D gleich, letzter: AB gl. CD gleich, 3.Wort AB gleich CD gleich; Buchstaben stehen direkt untereinander;

6. Schreiben Sie jetzt diese vier Zeilen ab. Achten Sie dabei schon einmal darauf, auf welche Weise dieser Vorgang des Abschreibens bei Ihnen verläuft.

Zeile A: Λιο ɔyΛιοΛ Usqx

Zeile B: Λιο dn$\vee$pΛn Usqx

Zeile C: Λιο ɔyΛιοΛ L Uys??

Zeile D: Λιο dn$\vee$pΛ L Uys??

westermann®

7. Ist Ihnen an der Struktur dieser Zeichenkombinationen beim Abschreiben irgend etwas deutlich geworden, was Sie vorher (beim bloßen Lesen) noch nicht so klar bemerkt hatten? Notieren Sie es, wenn dies der Fall war:

Liebe anstatt A A geschrieben; Reihenfolge im Kopf gemerkt - einzelne Buchst., aus vollständige Teile abgegualt

8. Diskutieren Sie in der Gruppe: Ist es zu „Verschreibern" gekommen? Wie haben die einzelnen Teilnehmer abgeschrieben? Waren einige sehr viel früher fertig als andere? Wie mag das zu erklären sein? Hat die Abschreibgeschwindigkeit etwas mit Richtigkeit, Genauigkeit, Sauberkeit zu tun?

9. Welche Erkenntnisse, die Sie selbst beim Abschreiben gemacht haben, lassen sich in Beziehung setzen zu Erfahrungen, die Sie mit Schülern im ersten Schuljahr gemacht haben?

10. Das Feststellen oder Erfassen von Gleichheiten nennt man im Leselernprozeß „Identifizieren". Was können Sie bereits identifizieren?

11. Das Unterscheiden von Ähnlichkeiten (aber Ungleichheiten) nennt man „Diskriminieren". Was haben Sie bisher diskriminieren können?

12. Die Operationen des Identifizierens und Diskriminierens konnten Sie bisher nur auf visuelle Weise durchführen, da Sie ja noch keine Laut-Buchstaben-Zuordnungen vornehmen konnten. – Da unser „Leselernverfahren" nicht synthetisch-einzelheitlich, sondern analytisch-ganzheitlich verläuft (zunächst jedenfalls), wollen wir nun einen ersten Schritt in Richtung Bedeutungszuordnung tun. Wir versehen also jeweils zwei unserer Zeilen mit einem kleinen Bild.

Welche Hinweise erhalten Sie nun durch diese Bilder in Bezug zu den Wörtern? Notieren Sie alles, was Sie vermuten:

A Λio ɔyΛioΛn Usqx

B Λio dnvpΛn Usqx

C Λio ɔyΛioΛl Uysll

D Λio dnvpΛl Uysll

U = B, s = a, q = u, x = m; y = l, 7 = t

B, A) Λio ɔl Baum

C, D)   Blat

13. Besprechen Sie die Ergebnisse in der Gruppe. Haben einige der Teilnehmer mehr erfaßt als andere? Sind ihre Vermutungen unterschiedlich? Worin mögen die Gründe dafür liegen?

Raum für Notizen:

westermann®

14. Sie wissen nun, daß die letzten Wörter der Zeilen A, B „Baum", die der Zeilen C, D „Blatt" bedeuten. Damit haben Sie aus einem Textzusammenhang die ersten Wörter analysiert (Text-Wort-Analyse).

Wenn ein Schüler nun auch die weiteren Wörter analysieren soll, so bieten sich dafür grundsätzlich zwei Möglichkeiten an:

a) Man nennt ihm die Bedeutung der Wörter und prägt sie durch visuell-ganzheitliche Übungen allmählich ein, oder

b) man setzt die Wörter zu weiteren Bildern in Beziehung, so daß sich die Bedeutung ermitteln läßt – und führt entsprechende Einprägungsübungen durch.

Letzteres wollen wir auch tun, und Sie können nun die Bedeutung den Wörtern zuordnen.

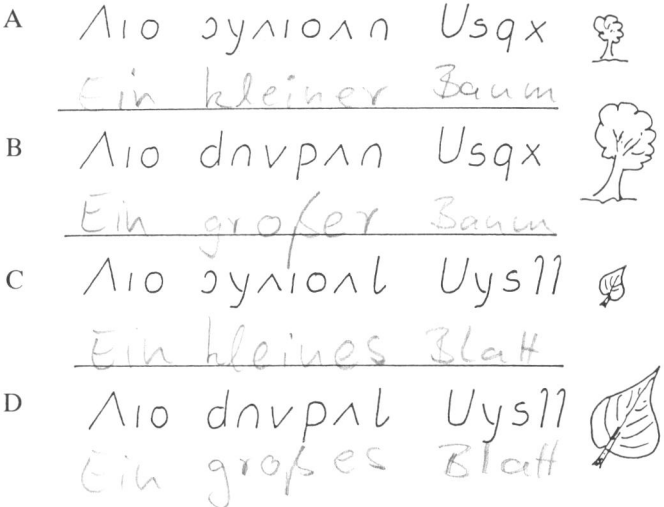

A Λιο ɔyʌιoʌɲ Usqx

Ein kleiner Baum

B Λιο dɲvpʌɲ Usqx

Ein großer Baum

C Λιο ɔyʌιoʌL Uysɲɲ

Ein kleines Blatt

D Λιο dɲvpʌL Uysɲɲ

Ein großes Blatt

15. Die gelernten Wörter werden nun in vielfältigen Übungen zu neuen Kombinationen zusammengefügt (Wort-Text-Synthese). Hier ein Beispiel (wobei Sie das neu hinzugekommene Wort sicher durch Analyse und Synthese der Buchstaben ermitteln können):

Λιο dɲvpʌL Uysɲɲ sx ɔyʌιoʌo Usqx

Ein großes Blatt am kleinen Baum

16. In einem integrativen Verfahren werden von Anbeginn an visuell-ganzheitliche und auditiv-einzelheitliche Prozesse (also das Erlernen von Wortganzen und die Laut-Buchstaben-Zuordnung) in Beziehung zueinander gesetzt. Aus den ersten Wörtern werden schon sehr früh Buchstaben analysiert und zu neuen Wörtern synthetisiert. (Das geschieht im Erstleseunterricht natürlich an weniger komplexen Einheiten als in diesem Erfahrungsspiel.)
Sie haben schon einige Buchstaben(-kombinationen) nebenher gelernt:

Λl – ei;   O – n; Sq – au; U – B usf.

Schreiben Sie bitte auf, was die folgenden Buchstabenkombinationen bedeuten. (Wenn Sie in der Gruppe arbeiten, sollten Sie darauf achten – womöglich mit Hilfe einer Uhr –, wieviel Zeit der einzelne Teilnehmer für seine Analyse-Synthese-Arbeit benötigt.)

1. $\Lambda l L \, E l s$ 3. $U s y y$ *Ball*

2. $U \Lambda l O$ *Bein*   4. $\Lambda l x \Lambda n$ *Eimer*
　　　　　　　　　　　　　　　　　$s j \, s o c$

17. Besprechen Sie in der Gruppe, wie die einzelnen Teilnehmer jetzt verfahren sind. Woran mag es liegen, daß sie unterschiedlich lange Zeit für ihre Lösungen gebraucht haben? (Diskutieren Sie hierzu auch die Anmerkungen am Schluß!)

18. In einem kommunikationsorientierten Erstunterricht, der Lesen und Schreiben eng miteinander verbindet, geben sich die Schüler einzelne Wörter, die sie schon schreiben können, auch gegenseitig zu lesen. Dabei lernen sie zu Lesendes als Geschriebenes begreifen; die Schüler können sich gegenseitig kontrollieren und berichtigen; Schriftsprache wird von Anbeginn an als Kommunikationssystem erfahren.
Schreiben Sie für Ihren Partner ein oder zwei Wörter auf (bekannte oder neu synthetisierte). Beobachten Sie sich gegenseitig bei diesem Vorgang. (Sollten Sie allein arbeiten, so versuchen Sie, ein oder zwei Neuwörter selbst zusammenzusetzen.)

$U \Lambda l y$, $\Lambda y l O$, $X \Lambda \Lambda n$

westermann®

19. Wir schreiten nun einen größeren Schritt voran und vernachlässigen einmal die Tatsache, daß bisher noch viel zu wenig geübt worden ist. Da Sie aber alle bereits geübte Leser sind, wird es Ihnen möglich sein, einen ganz neuen Satz zu lesen. (Beobachten Sie sich selbst und die Gruppe dabei, mit welchen Problemen, Widerständen, Konflikten Sie nun fertigwerden müssen. Auch jetzt wird die Zeit für die Lösung der Aufgabe unterschiedlich lang sein.)

X ∧IO∧ U∩Iyy∧ il'] o∧q.

Meine Brille ist neu

20. Gewiß ist es noch schwieriger, einen Satz zu lesen, in dem ein Wort mit neuen Buchstaben vorkommt. Im Unterricht wird ein neuer Buchstabe jeweils eingeführt, ehe das Lesen beginnt; Ihnen aber kann es zugemutet werden, auch kontexterschließend zu lesen. Ja: „lesen" – das können Sie nämlich erst dann, wenn Sie den Transfer vom Gelernten auf etwas Neues vollziehen und wenn Sie ein unbekanntes Wort aus dem Zusammenhang erschließen können.

Messen Sie einmal die Zeit, die Sie für die Lösung der folgenden Aufgabe benötigen.

Oqo osu∧ IJo ⊃∧IO∧ Yql] x∧o∩.

Nun habe ich keine Lust mehr

westermann®

21. An dieser Stelle sollten Sie sich allein oder in der Gruppe noch einmal Klarheit darüber verschaffen, wie der Lernprozeß bisher verlaufen ist – und welche Probleme es gegeben hat. Dazu einige Fragen und Hinweise:

    – Wurde in der Gruppe miteinander gesprochen, oder hat jeder für sich gearbeitet? Warum?

    – Wie waren die einzelnen Aktivitäten: eher gelassen, von Neugier bestimmt, eher angestrengt, gelangweilt, eher aufmerksam suchend? ...

    – Wie hat auf Sie (auf die Gruppenteilnehmer) der Hinweis gewirkt, die Zeit zu messen: motivierend, gleichgültig, empörend, frustrierend, herausfordernd? – Wirkte der Hinweis auf die Teilnehmer unterschiedlich?

    – Wie reagierten die Teilnehmer der Gruppe darauf, daß einige immer als erste, andere als letzte fertig geworden sind?

    – Beziehen Sie Ihre Erfahrungen auf Schüler, die bei Ihnen Unterricht haben: Haben Sie bereits eine pädagogische Erkenntnis gewonnen? (Vergleichen Sie auch die Anmerkungen am Schluß!)

22. Der nächste Schritt soll Ihre Aufmerksamkeit auf die Ausgangsschriften richten, mit denen man Lesen und Schreiben lernen kann. – Kreuzen Sie zunächst an, für welche Antwort auf folgende Fragen Sie sich entscheiden:

A Lesen lernt man besser   a) an einer unverbundenen Druckschrift   ⊖
                        b) an einer verbundenen Schreibschrift   ○

weil: *klarere Abgrenzung der Schr. ft.*
Zeichen, Strichmuster

B Schreiben lernt man besser a) an einer unverbundenen Druckschrift   ○
                            b) an einer verbundenen Schreibschrift   ○

weil:

Diskutieren Sie Ihre Ergebnisse in der Gruppe. (Lesen Sie bitte noch nicht den Kommentar, sondern überprüfen Sie Ihre Meinungen zunächst erst einmal an den folgenden Aufgaben!)

23. Stellen Sie sich vor, der Lernprozeß, den Sie selbst bisher durchlaufen haben, hätte seinen Ausgang von folgenden Schriftbeispielen (I–IV) genommen. – Geben Sie Auskunft darüber, inwiefern er dann anders verlaufen wäre. Geben Sie auch einige Wesensunterschiede der beiden Schriftarten an.

I   *Ato zynorl   Uysn*

II *Ato zyuorn   Usqre*

III *Ato dwpn   Usqre*

IV *Ato dwprl   Uysn*

Lernprozeß: _____

_____

_____

Schriftunterschiede: _____

_____

_____

24. Die vier Beispiele I–IV sind die gleichen wie die in Punkt 5; die Reihenfolge ist nur verändert. Ordnen Sie bitte zu:

I   C   II   A   III   3   IV   D

25. Schreiben Sie einmal Beispiel I und (noch einmal) Beispiel C ab, und geben Sie kurz Auskunft über Schreiberfahrungen.

C   *Λιο ɔyʌιoʌl Uysn*

I   *Ato zynorl Uysn*

C   *Λιο ɔyʌιoʌl Uysn*

93

Erfahrungen: *die Bedeutung der Wörter nicht im Kopf; C ist leichter, da einzelne Buchstaben getrennt ist*

26. Hier sind in unverbundener und in verbundener Schrift vier Wörter wiedergegeben:

morgen   x v ∩ d ∧ o   *æridio*

abend   *suop*   s u ∧ o þ

bitte   u ı ʔ ʔ ∧   *uin*

danke   *þsoɔ*   þ s o ɔ ∧

Vergleichen Sie lediglich die unten abgebildeten Wortschemata mit den Vorgaben. Jedes von ihnen ist einmal richtig und einmal falsch wiedergegeben. Sobald Sie ein *falsches* entdeckt haben, geben Sie ihm die Ziffer 1; beim nächsten, das sie finden, schreiben Sie die Ziffer 2 dazu usf. Lassen Sie bitte jene Wortschemata, die *richtig* geschrieben sind, ohne jeden Vermerk stehen (das ist wichtig für Ihre Sucharbeit und die Auswertung!).

5 *uin*   6 uıʔʔ∩   4 suovþ

þsoɔ   2 *æridio*

uin   7 þosɔ∧   3 *suop*

      x v ∩ d ∧ o   þ s o ɔ ∧

æridio   8 *þosı*   uıʔʔ∧

s u ∧ o þ   ∧ x ∩ v d ∧ o   *suop*

94

westermann®

27. Welche der falsch geschriebenen Wörter konnten Sie rascher durch Diskrimination finden: die in unverbundener oder die in verbundener Schrift geschriebenen? Sie können die Ziffern, mit denen Sie die Reihenfolge des Auffindens gekennzeichnet haben, zusammenzählen:

Unverbundene Schrift: _____18_____   Verbundene Schrift: _____18_____

28. Welche Aussage leiten Sie aus Ihrem Ergebnis hinsichtlich der Lesbarkeit der beiden Schriftarten ab? Diskutieren Sie dies auch in der Gruppe.

_____gleich lesbar_____

_____gut_____

29. Schreiben Sie nun bitte die folgenden Geheimschriftwörter „Baum" und „Blatt" in beiden Schriftarten jeweils eine halbe Minute lang so oft und so schnell Sie können untereinander ab:

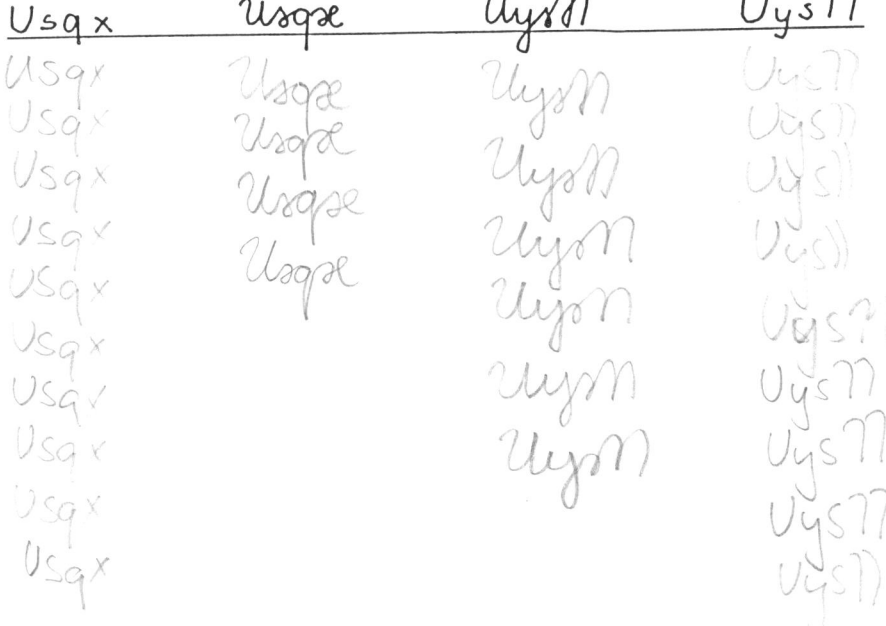

30. In welcher Schriftart konnten Sie die Wörter (in der ungeübten Form) öfter und mit weniger Fehlern oder Verschreibern abschreiben? Wie sah es bei Ihren Partnern aus? – Welche Aussage leiten Sie aus diesem Ergebnis ab?

Blockschrift unverbunden

31. Da Sie gewiß besser geübt sind im Schreiben von verbundenen Schriften als im Schreiben von Druckschrift, werden Sie sicher vermuten, daß Sie in verbundener Schrift weitaus rascher schreiben können als in unverbundener – jedenfalls bei Wörtern unserer Sprache (und nicht einer Geheimsprache). Stellen Sie sich selbst auf die Probe! Schreiben Sie eine halbe Minute lang das Wort „Mantelsack" (ein Wort, das Sie selbst noch kaum geschrieben haben dürften, dessen Buchstabenkombinationen Ihnen aber vertraut sind) so rasch und so oft wie möglich untereinander ab, und beurteilen Sie Ihr Ergebnis. – Berücksichtigen Sie bei Ihrer Bewertung auch die Lesbarkeit!

Mantelsack   *Mantelsack*

Mantelsack   *Mantelsack*
Mantelsack   *Mantelsack*
Mantelsack   *Mantelsack*
Mantelsack   *Mantelsack*
Mantelsack   *Mantelsack*
Mantelsack
Mantelsack

32. Versuchen Sie einmal, die folgenden Wörter, die ein Schreiber in seiner Handschrift ganz rasch hingeschrieben hat, zu lesen. Bei welchen Wörtern haben Sie Zweifel? Vergleichen Sie diese Wörter mit den ebenso rasch hingeschriebenen Wörtern in Druckschrift!

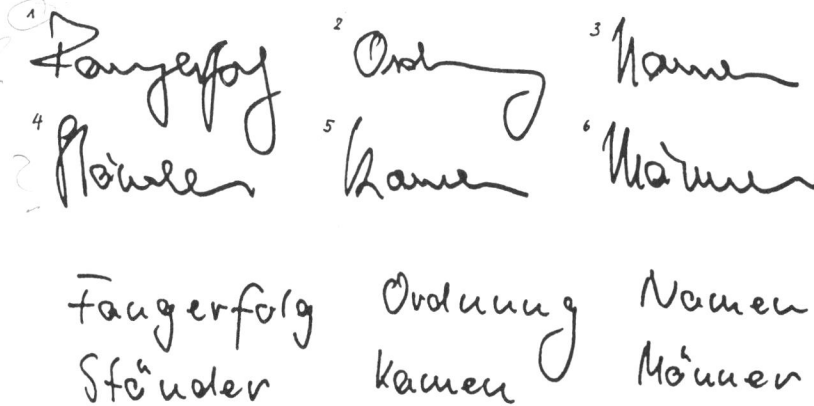

33. Schreiben Sie einige Wörter (möglichst etwas ungewöhnliche) in Ihrer schnellsten Schreibweise (in Ihrer „Klaue") auf, und geben Sie diese Wörter Ihrem Partner zu lesen.

_____

_____

_____

_____

westermann®

Kommentare zu den Aufgaben

Aufgabe 1: In den Lerngruppen stellt sich immer wieder heraus, daß der Ausdruck A besser auf seine formalen Elemente hin durchschaut werden kann als der Ausdruck B. Die Gegliedertheit von A ist besser erkennbar; man kann eindeutig erkennen, aus wie vielen Buchstaben A besteht (14), was bei B (12 Buchstaben) nicht zu entscheiden ist. Diese Erfahrung entspricht auch den empirischen Untersuchungen in der Erstleseforschung. (Siehe hierzu die Zusammenfassung der Ergebnisse bei Wolfgang Menzel, Schreibenlernen — Rechtschreiblernen, in: Rechtschreibunterricht. Praxis und Theorie, Seelze 1985, S. 34ff.) Nach ihnen ist eine unverbundene Schrift besser lesbar als eine verbundene.

Aufgabe 2: Die Entscheidung fällt bei der Mehrzahl der Lernenden zugunsten von Zeile A. Begründung: Die Buchstaben sind klarer zu erkennen. Sie sind wahrscheinlich leichter und rascher abzuschreiben. Man weiß bei B nicht immer so recht, was Buchstabe und was Buchstabenverbindung ist. Einige Teilnehmer entscheiden sich aber immer auch für Zeile B. Begründung: „Wir sind gewohnt, verbunden zu schreiben."

Aufgabe 3/4: Als Lehrgangsleiter messe ich regelmäßig die Zeit, die durchschnittlich für das Schreiben der beiden Zeilen benötigt wird. Was auffällt: Obwohl Zeile A etwas länger ist, benötigen die Lernenden nur etwa 15 Sekunden, wohingegen sie für Zeile B rund 18 Sekunden brauchen. „Verschreiber" kommen hier wie da vor: ein A oder i statt der vorgegebenen Zeichen in Zeile A, einige Unklarheiten in den Spitzen und Rundungen in Zeile B, was durch Analogiebildungsprozesse (das Bekannte spielt uns da einen Streich) zu erklären ist.

Aufgabe 5: Was genannt wird: Alle Zeilen beginnen mit demselben Wort; in Zeile A und C ist das zweite Wort, bis auf das Ende, gleich; in Zeile B und D ebenfalls. Die letzten Wörter der Zeilen A und B bzw. C und D sind gleich. Aber: nicht alle Teilnehmer können diese drei Gleichheiten sofort erfassen; immer gibt es einige, die nur die eine oder die andere dieser Gleichheiten erkennen.

Aufgabe 6: Auch hier messe ich stets die Zeit, die der schnellste und der langsamste Schreiber benötigt. Sie schwankt zwischen 40 Sekunden und 150 Sekunden. Diesen auffälligen Unterschied diskutiere ich auch immer: Wie ist das zu erklären? Schreiben die Langsamschreiber richtiger, schöner? Das ist nicht der Fall. Wie rasch einer abschreiben kann, das hat offenbar etwas mit seiner Fähigkeit zur Strukturerfassung zu tun: Wer erkannt hat, wie die Wörter aufgebaut sind und welche sich wiederholen, kann rascher schreiben — und macht sich seine Erkenntnisse auch zunutze, indem er z. B. die ersten Wörter gleich untereinander hinschreibt, so auch die letzten.

Aufgabe 7—9: Erst beim Schreiben fällt einigen Lernenden auf, daß in den zweiten Wörtern der Zeilen A und C eine Buchstabenkombination vorkommt, die der der Eingangswörter gleicht. Das Abschreiben führt also offenbar zu Strukturerkenntnissen, die beim bloßen Lesen noch nicht möglich sind. („Die Wichtigkeit des Schreibens für das Lesen!") – Einige Schreiber fühlen sich beeinträchtigt durch die Aufforderung, sie möchten sich bitte melden, sobald sie fertig sind; andere fühlen sich dadurch wiederum animiert, möglichst rasch zum Ergebnis zu kommen. Einige müssen häufig korrigieren, wobei sie Zeit verlieren. Es wird darauf hingewiesen: Auch Kinder benötigen eine Zeitspanne von etwa 1:5 zwischen dem schnellsten und dem langsamsten Schreiber. („Das muß man bei jeder Stillarbeit berücksichtigen!")

Im übrigen: Geschwindigkeit hat wenig zu tun mit Ordentlichkeit und Fehlerhaftigkeit; es gibt immer schnelle Schreiber, die sehr präzise und fehlerfrei schreiben – und umgekehrt.

Aufgabe 10/11: Hier werden die schon erfaßten Gleichheiten und Ähnlichkeiten noch einmal benannt (siehe 5 und 7).

Aufgabe 12/13: Die meisten Lernenden ordnen den Baum und das Blatt ohne Probleme den *letzten* Wörtern zu. Auffällig nur: daß dies nicht alle tun. Einige können mit den Bildhinweisen wenig anfangen. Einige nehmen an, die Bilder beziehen sich auf die *zweiten* Wörter der Zeilen (obwohl diese doch nicht ganz gleich sind). Es gibt auch immer einige (wenige), die jetzt schon vermuten, die Eingangswörter müßten „ein" heißen, da „der" und „das" wegen der Ungleichheit nicht in Frage kämen. Ab und zu vermutet schon jemand: Die beiden letzen Buchstaben der zweiten Wörter müßten die Endungen „-er" und „-es" sein. Die Analyse- und semantische Zuordnungsfähigkeit ist auch bei Erwachsenen sehr unterschiedlich ausgebildet. („Man wird ganz bescheiden bei einem solchen Experiment.")

Aufgabe 14: Nach der vorangegangenen Diskussion gibt es nun keine Probleme, den Zeilen die Bedeutung zuzuordnen.
A *Ein kleiner Baum,* B *Ein großer Baum,* C *Ein kleines Blatt,* D *Ein großes Blatt.*

Aufgabe 15: Diese Zeile durch Vergleich der Wörter und durch Analyse/Synthese aufzuschreiben (*Ein kleines Blatt am großen Baum*), ist dann für eine Reihe von Lernenden doch nicht ganz einfach, für andere hingegen ist es eine sehr leichte Aufgabe. Unterschiedliche Lerntypen! Unterschiedliche Motivation! Unterschiedlich auch: die Geduld, der Ehrgeiz, die Neugier! („Wie unterschiedlich muß das erst bei unseren Schülern sein, die sich in ihren sprachlichen Erfahrungen und in ihrer Intelligenz noch weit stärker unterscheiden als wir Lehrer!")

Aufgabe 16/17: Die neu zu lesenden Wörter: 1. *Eis,* 2. *Bein,* 3. *Ball,* 4. *Eimer.*
Der Hinweis auf die Zeit für die Lösung dieser Analyse-Synthese-Aufgabe irritiert stets eine ganze Reihe von Lernenden: „Was richten wir eigentlich an, wenn wir in eine Klasse hinein fragen: Wer ist noch nicht fertig?" – Wie die unterschiedliche Zeitdauer zu erklären ist? Sicher nicht durch Sprachvermögen und Intelligenz! Wahrscheinlich sind hier analytisch denkende Menschen im Vorteil. Vielleicht auch jene Systematiker, die sich schon ein Geheimschrift-Alphabet (so ganz nebenher) aufgestellt haben. Aber warum sind die einen darauf gekommen und die anderen nicht? Wer angstfrei diese Aufgabe angeht, hat ebenfalls Chancen, rascher zum Ergebnis zu kommen. Auch: Wer dieses Spiel nun immer noch interessant fin-

det und nicht ermüdet ist. Und in der Gruppe: Wer durch erste Erfolge ermutigt worden ist, wird stärker motiviert sein, als wer schon bisher immer zu den letzten gehörte. („Wie hier schon Rollen in der Gruppe fixiert werden!")

Außerordentlich aufschlußreich: Obwohl ich als Leiter des Experiments nie Vorschriften gemacht habe, auf welche Weise man an die Lösung der Aufgaben gehen sollte, haben sich auf allen Fortbildungskursen die Lehrer und Lehrerinnen für Einzelarbeit entschieden (oder besser: sie stillschweigend als gefordert betrachtet). Nur ein einziges Mal habe ich beobachtet, daß drei Teilnehmer zusammenarbeiteten. (Wie wenig selbstverständlich muß uns eigentlich die Arbeit in der Gruppe sein!)

Aufgabe 19: Der Satz lautet: *Meine Brille ist neu.* Sich an einigen bereits bekannten Einzelbuchstaben wie *e* und *B* und *i* und einigen Buchstabenkombinationen orientierend wie *ein* und *ll*, gehen die meisten ergänzend vor: *ein, eine, Meine; ille, Bille, Brille* oder ähnlich. („Jeder von uns hat jetzt schon eigene Lösungswege entwickelt. Jeder etwas andere." − „Manche brauchen eben länger als andere!")

Aufgabe 20/21: Dieser Satz lautet: *Nun habe ich keine Lust mehr.* Ich habe es noch nie erlebt, daß alle Teilnehmer einer Gruppe diesen Satz herausbekommen haben. Immer gibt es einige, die hier aufgeben, die sich abquälen und nicht zu Rande kommen, die verzweifelt oder lustlos den Stift hinwerfen. Und immer gibt es andere, die damit keine Probleme haben: „Man muß doch nur zwei Buchstaben ergänzen! Was ist daran schwierig?

Die ergeben sich doch aus dem Zusammenhang!" − Die Mehrzahl der Teilnehmer geht die Aufgabe wie ein Rätsel an. Und: je ausführlicher wir uns in Partnerarbeit (Aufgabe 18) Sätze zu lesen gegeben haben, um so leichter fällt es den meisten. Sehr aufschlußreich sind immer die Auskünfte über die Lösungswege: „Ich probiere und verwerfe, probiere neu, mal vorn, mal hinten, ganz unsystematisch. Und auf einmal steht alles da", so der Kreative. „Ich hatte große Schwierigkeiten, weil alle Wörter neu sind. Und nur das ‚eine‘ habe ich gleich erkannt", so die ganzheitlich Lernende. „Ich habe mich an den bekannten Buchstaben orientiert, was ich noch wußte, druntergeschrieben, und dann habe ich ergänzt", so der einzelheitlich Lernende.

Was uns deutlich wird: systematisch Vorgehende und kreativ-experimentell Vorgehende können meistens am schnellsten zum Ergebnis gelangen. Wer eher ganzheitlich vorgeht, hat hier Nachteile. (Lerntypen, Lernerfahrungen!) Einigen flößen die unbekannten Buchstaben geradezu Angst ein. („Das schaffe ich nie!") Andere fühlen sich durch sie wiederum herausgefordert. („Wie man Unbekanntes zu bewältigen gelernt hat, auch darauf kommt's an!")

Aufgabe 22: Die Mehrzahl der Teilnehmer an diesem Experiment vertritt die Ansicht, Lesen sei an der Druckschrift, Schreiben dagegen an einer verbundenen Schrift leichter erlernbar. Die Gründe: Gegliedertheit, Durchschaubarkeit, Klarheit der Druckschrift; „Flüssigkeit", Zusammenhang und Bewegungsadäquatheit der Schreibschrift. Die Untersuchungsergebnisse zu diesen Fragen finden Sie bei *Wolfgang Menzel,*

100

Schreiben — Lesen. Für einen handlungsorientierten Erstunterricht, in: *Elisabeth Neuhaus-Siemon,* Schreibenlernen, Königstein 1981 — und in dem vorn genannten Beitrag (siehe Aufgabe 1). Die Ergebnisse zeigen: Lesen lernt man leichter an unverbundener Schrift; Schreiben ist zu Beginn ebenfalls an einer unverbundenen Schrift leichter lernbar.

Aufgabe 23: Mit einer verbundenen Schrift böte sich eher ein ganzheitlich orientierter Lehrgang an, in dem man zunächst ganze Wortschemata speichern lernt. Das Ausgliedern der Einzelbuchstaben bereitet hierbei aber größere Schwierigkeiten als bei einem Lehrgang in unverbundener Schrift.

Die wesentlichen Unterschiede der Schriftarten:
Unverbunden: Die Einzelbuchstaben sind auf das Wesentliche der Form reduziert; beim Schreiben überspringt man die Lücken von Buchstabe zu Buchstabe und kann die Feinmuskulatur dabei entspannen.
Verbunden: Die Buchstaben enthalten eine Anzahl von unwesentlichen Elementen: Anstriche, Verbindungsstriche, Auslaufstriche, Verzierungselemente (letztere vor allem bei der lateinischen Ausgangsschrift); die Buchstabenverbindungen werden schreibend auf dem Papier vollzogen, es wird also *mehr* an Schreibspur vollzogen als bei unverbundener Schrift.

Aufgabe 24: I C; IIA; III B; IV D

Aufgabe 26—28: Die Fehlerwörter sind in ihrer Verteilung auf dem Blatt so angeordnet, daß, wenn man sie in ihrer Reihenfolge mit den obenstehenden Wörtern vergleicht, das Auffinden der Wörter in verbundener und in un-

verbundener Schrift gleich leicht (oder schwer) sein müßte. Die meisten Teilnehmer gehen aber von einem bestimmten Augenblick an nicht mehr der Reihenfolge nach vor; sie bevorzugen ganz offensichtlich zunächst jene Wörter, von denen sie meinen, daß sie leichter vergleichbar sind. So haben die Lernenden durchweg mehr Schwierigkeiten, die Fehler in den verbunden geschriebenen Wörtern zu entdecken. Die Diskriminationsarbeit ist also bei unverbundener Schrift einfacher. („Das müßte doch Konsequenzen für die Rechtschreibung haben!" — In der Tat! Die Rechtschreibung ist in unverbundener Schrift leichter erlernbar.)

Die durchschnittlichen Ergebnisse:
unverbundene Wörter: 2, 3, 4, 6 = 15
verbundene Wörter: 1, 5, 7, 8 = 21

Aufgabe 29—31: Das Ergebnis dieser Aufgabe ist für die meisten Mitspieler immer wieder überraschend: „Wir können also schneller ‚drucken' als ‚schreiben' — solange wir Lernende sind!" Die unverbundenen Wörter werden im Durchschnitt zwölfmal (Baum) und zehnmal (Blatt) geschrieben, die verbundenen Wörter achtmal (Baum) und achtmal (Blatt). Dabei verschreibt man sich außerdem noch in „geschriebener" Schrift öfter als in „gedruckter" Schrift. Aber Achtung: *geschriebene* Schrift ist ja *beides!* Die eine nur mit vielen Verbindungsstrichen, die andere ohne sie. — Natürlich kommt immer das Argument: Das ist eine Sache der Übung. Hätten wir in Schreibschrift so lange geübt wie in Druckschrift, so wäre uns die Schreibschrift leichter gefallen!" Das aber ist erstens kein Argument für das Kind im 1. Schuljahr, das ja ohnehin noch sehr langsam schreibt; und ob es zweitens überhaupt richtig ist, muß auch bezweifelt werden. Forschungsergebnisse liegen zum Beleg einer solchen Annahme jedenfalls nicht vor.

Aufgabe 32: Die schnell „gedruckten" Wörter können von der Mehrzahl der Teilnehmer durchweg besser gelesen werden als die schnell „geschriebenen".

Die Schulausgangsschrift

Die Schulausgangsschrift (SAS), die in der ehemaligen DDR entwickelt wurde, gilt in den fünf neuen Ländern weiterhin als verbindliche Schrift, und ihre Einführung wird auch in einigen weiteren Ländern diskutiert, bzw. sie ist dort bereits eingeführt worden.

In ihren *Schriftformen* ähnelt die SAS eher der VA: die Großbuchstaben sind wie bei ihr deutlich vereinfacht worden, auf die Deckstriche bei einzelnen Buchstaben (t) wurde wie bei der VA verzichtet. Andererseits blieben andere Buchstaben (e, s, z) im Verhältnis zur LA weitgehend unverändert.

In ihrem *Schriftvollzug* hingegen ist die SAS eindeutig der LA ähnlicher. Die Kleinbuchstaben haben wie bei ihr Anstriche zur Herstellung der Verbindungen — und nicht, wie bei der VA, Aufstriche. Gerade dieser Unterschied aber ist für den Schreibvollzug entscheidend. Der Anstrich macht weiterhin den komplizierten und buchstaben-irrelevanten Drehrichtungswechsel notwendig; nur der Aufstrich am Ende eines Buchstabens kann garantieren, daß der jeweils neue

Buchstabe bei verbundenem Schreiben tatsächlich mit dem schriftrelevanten Buchstaben selbst beginnt und nicht mit einem Verbindungselement. Die VA hat das Problem der Synthetisierung von Buchstaben zu Wörtern ohne Zweifel besser gelöst als die SAS, die, wie die LA, als eine ganzheitliche Schrift (lediglich mit vereinfachten Formen der Großbuchstaben) anzusehen ist.

Für das *Lesen* ergeben sich dabei im Verhältnis zur LA und VA kaum Unterschiede; alle drei sind schlechter lesbar als unverbundene Schriften. Für das *Schreiben* bleiben, bis auf die wenigen Vereinfachungen bei den (selteneren) Großbuchstaben, die Nachteile der LA grundsätzlich erhalten, und es gilt, was vorn zur Beurteilung der verbundenen Schriften (siehe S. 63 ff.) gesagt wurde.

Abb. 73: Schulausgangsschrift

Namen- und Stichwortverzeichnis

Ausgewählte Literatur

Barfaut, Wilhelm: Der Schreibunterricht, Weinheim: Beltz 1968*

Bärmann, Fritz (Hg.): Lernbereich: Schrift und Schreiben, Braunschweig: Westermann 1979*

Bergk, Marion; Kurt Meiers (Hg.): Schulanfang ohne Fibeltrott, Bad Heilbrunn: Klinkhardt 1984

Conrady, Peter; Gerhard Rademacher: Fibeln im Gespräch. Kriterien zur Analyse, Essen: Die blaue Eule 1987

Dehn, Mechthild: Zeit für die Schrift. Lesenlernen und Schreibenkönnen, Bochum: Kamp 1988

Diener, Kuno: Schreibenlernen. Psychologische und didaktische Voraussetzungen, Stuttgart: Kohlhammer 1980

Gümbel, Ruth: Erstleseunterricht. Entwicklungen, Tendenzen, Erfahrungen, Königstein: Scriptor 1980

May, Markus; Robert Schweitzer: Wie die Kinder lesen lernten. Die Geschichte der Fibel. Ausstellungskatalog der Württembergischen Landesbibliothek Stuttgart, Stuttgart 1984

Meiers, Kurt (Hg.): Erstlesen, Bad Heilbrunn: Klinkhardt 1977

Meiers, Kurt: Lese-Erstunterricht. In: Jürgen Baurmann, Otfried Hoppe (Hg.): Handbuch für Deutschlehrer, Stuttgart: Kohlhammer 1984

Menzel, Wolfgang (Hg.): Fibeln und Lesebücher für die Primarstufe. Kritische Analysen, Paderborn: Schöningh 1975

Menzel, Wolfgang: Erstleseunterricht. In: Dietrich Boueke (Hg.): Deutschunterricht in der Diskussion, Paderborn: Schöningh 1974

Neuhaus-Siemon, Elisabeth (Hg.): Schreibenlernen im Anfangsunterricht der Grundschule, Königstein: Scriptor 1981

Schorch, Günther (Hg.): Schreibenlernen und Schriftspracherwerb, Bad Heilbrunn: Klinkhardt 1983

Schwartz, Erwin: Der Leseunterricht. Wie Kinder lesen lernen. Braunschweig: Westermann 1971*

Topsch, Wilhelm: Lesenlernen, Erstleseunterricht, Bochum: Kamp 1979

* Nicht mehr im Buchhandel erhältlich (Stand 1990)